Spiritual Seminar Book
スピリチュアル・セミナー・ブック

ソウルプラン

魂の計画

あなたの名前は運命の暗号だった

ブルー・マースデン
Blue Marsden

徳間書店

あなたを幸せに導く生き方を名前が教えてくれます。
――本書付属のDVDについて

人生には、いいときもあれば、あまりよくないときもあります。なんの苦もなく思い通りに生きられるときもあれば、何をどうやってもうまくいかないときもあるのです。

人はこの世に生まれたときから、家族のこと、健康のこと、学業のこと、恋愛のこと、仕事のことで悩んだり、さらには不慮の事故や事件に巻きこまれることもあります。そんなとき、どうして自分の前には、どうしてこうも壁が立ちはだかるのか、と思ったりするかもしれません。

しかしそういう出来事は、私たちが生まれるにあたって決めてきた名前に込められた課題が現実となって目の前に表れて起きているのです。幸せで順風満帆の人生を送っているように見える人でも、なんらかの苦悩、悲しみを背負って生きているものなのです。

といっても、悩みや苦しみだけが人生ではありません。そういった課題を乗り越えたとき、人は達成感を得ることができます。喜びを感じたり、悔いのない人生だったと満足したり……、それが幸せなのです。しかし、悩みや苦しみの渦中にいると、そんなことも考えられなくなります。

また、自分がどういう方向に進めばいいか、針路で悩むこともあるかもしれません。漫然と生きているうちに、人生の時間はどんどん過ぎていってしまいます。

本書に付属するＤＶＤでブルー・マースデンがお伝えするソウルプランのリーディングでは、あなたの名前がもっている波動を読み解くことで、自分が直面する課題「チャレンジ」、それを克服する能力「才能」、そして人生の目的「ゴール」を知ることができます。

自分がいま直面している出来事は、もともとどういう意図で計画してきたものなのか、それを解決するために自分に備わっている能力、そして課題を乗り越えて目指すべき目標……、これらがわかればどのようにして人生を生きるべきか、納得して進むことができます。人生の課題に積極的に取り組み、乗り越えることができるのです。

ソウルプランでは、その人が生まれてすぐつけられた名前の波動をヘブライの叡智「カバラ」で読み解いていきます。といっても、難しいものではありません。それぞれの文字に対応する数字を対数表から拾ってヘキサグラム（六芒星）の頂点に書きこみ、足しあわせていくだけです。

本書では、ＤＶＤでブルー・マースデンが話していることをさらに詳しく解説し、コピーしてソウルプランを計算できるページも掲載されています（一三六～一三九ページ）。

ソウルプランのリーディングは、何度も繰り返しているうちに直観力が磨かれ、より深いことがわかるようになります。ぜひ、ＤＶＤと本書をご活用ください。

ソウルプランで、多くの人が幸せの扉を開くよう願ってやみません。

はじめに

あなたの人生は名前の波動に導かれています

言葉の波動によってこの世界は創造されました

私たちがいまいるこの宇宙は、波動（バイブレーション）でできています。このことは、現代物理学の最新の研究で、いままさに明らかになりつつあります。

この世界の根源的な存在である光は、波動であるとともに粒子でもあることがわかっています。同じように、私たちが現実の世界で目にする物質の存在もエネルギーを有する波動の現れと考えられるようになっています。

波動こそがすべての存在の根源であり、それは同時に粒子として私たちの目の前に現れて、物質的な存在として認識されるのです。

私たちがお互いに意思を通わせるために使われる言葉も、吐く息とともに声帯を振動させることによって生じます。そもそも言葉そのものが、波動なのです。

私がお伝えしている、「ソウルプラン（魂の計画）」は、まさにこの世界を創造している波動の特性を解明するなかで明らかになってきたものです。

『聖書』の「ヨハネによる福音書」の冒頭には、次のように書かれています。

「はじめに言葉があった」

世界が言葉によって成立したというのは、比喩、レトリックではありません。まさに、言葉そのものの波動がこの世界を創造したということなのです。

古代ヘブライの叡智として知られる「カバラ」は、モーゼが「トーラー（律法）」に盛りこめなかったことを口伝、すなわち言い伝えとして遺したものに始まるとされています。そして、口伝のヘブライ語は、「ヨハネによる福音書」に書かれているように世界を創造した神の波動そのものを伝えているのです。

ヘブライ語は、二二の文字で構成されています。この二二の文字が、まさに世界を創造したのです。

私たち人間は、この世に生を受け、個人を特定する名前を与えられた瞬間から人生を歩みはじめます。自分が自分であるのは当然のことのように思えますが、実は名前を呼ばれ、その名前を意識することによってはじめて自分という認識が生まれるのです。

ですから、名前がもっている波動、バイブレーションこそ自分そのものであり、名前の波動が私たちの人生を導く指針となるのです。

人生の目的とそれを実現する自分の才能がわかります

名前に秘められた波動をどのように理解したら、私たちにとって意味のあるものになるのか――。

これは、長年の私の課題でした。そしてついに私は、この波動を読み解く方法を解明したのです。

「カバラ」の基本的な教典の一つに、三世紀から六世紀にかけて成立したといわれる『セーフェル・イェツィーラー』と呼ばれる文書があります。これは、『形成の書』とも呼ばれ、「カバラ」のなかでもとりわけ難解とされるヘブライ文字と数字をつかって神の世界創造の秘密を解明した教典です。

この教典を偉大なチャネラーのフランク・アルパーさんが解読し、私は彼から直接『セーフェル・イェツィーラー』の叡智を学びました。これに私自身のチャネリングによる解釈も加えて、名前の波動を読み解く「ソウルプラン」のシステムが完成したのです。

「ソウルプラン」は、私たちの名前に秘められたバイブレーションをヘブライの数秘術によって数字に変換し、その数字を「カバラ」の秘儀である『セーフェル・イェツィーラー』に当てはめて解釈します。これによって、私たちがこの人生で挑戦すべき目的とそれを実現する才能の使い方を知ることができるのです。

この世に生を受けて名前を得た瞬間に、私たちはこの人生でなすべき使命が定まります。それは、運命の暗号といっていいかもしれません。ソウルプランは、その暗号を私たちに指し示してくれるのです。

しかしソウルプランは、トランプ占いのような占いとは違います。

私たちが人生において経験する「チャレンジ（試練）」や「ゴール（目標）」に対して、どのような「タレント（才能）」で対処すべきか示してくれるものなのです。

ソウルプランによって私たちは、生まれながらに備わっている自分の資質を理解し、自分が達成すべき目標が何であるかを知り、人生における意味を自ら見出していくことができるのです。

ブルー・マースデン

ソウルプラン　目次

第3章 魂の宿命が今生の生きる目的を示している　53

資料編　数字のバイブレーションとシンボルが意味すること

装幀／赤谷直宣
編集協力／エディックス
校正／松波紀雄

第1章
あなたも世界も宇宙も
すべて波動でできている

物質も、光も、重力も、その根源はすべて波動から

この世界は、すべて波動でできています。

私たち自身も、目に見えるすべてのもの……土も、金属も、水も、地球も、そしてすべての動物や植物も、そして目に見えない空気をはじめとする気体も、さらには宇宙の星も、すべて波動、バイブレーションでできています。

私たちがこの世界を見ることができるのは、光を目の網膜で感じるからですが、物理学の最先端の研究では、光そのものも波動としての性質と粒子としての性質をあわせもっていると考えられています。また音は、空気などの振動そのもの、

すなわち波動です。

この宇宙に存在する物質をミクロの世界で見ていくと、分子、さらには原子にたどり着きます。

かつては、原子が物質の最小単位だと考えられていました。しかしいまや原子は、プラスの電荷を帯びている陽子と電気的には中性の中性子からなる原子核、そしてマイナスの電荷を帯びて原子核の周りにある電子からできていることがわかっています。

そればかりではありません。ボソンやフェルミオンなどといったさまざまな素粒子が、陽子や中性子を構成していることも予測され、いま少しずつそれが証明されているところです。二〇一一年にヒッグス粒子の存在が確認されましたが、これは素粒子に質量を与えている粒子とされています。

素粒子は現在のところ細かい構造はわからないとされていますが、現在の理論物理学の最先端の「超ひも理論」では素粒子はすべて有限の大きさをもつ「ひも」が振動している状態だとされています。

そして、このひもが振動することによって、重力、電磁力、弱い力、強い力など、宇宙のさまざまな力が生まれていると考えられています。

弱い力、強い力といっても、力の強弱のことではありません。弱い力というのは原子核をβ崩壊させる力、強い力というのは素粒子の一種であるクォークを結びつける力のことです。

このように考えると、光や音が波動であるのはもはや当然のことで、さらには最先端の理論物理学では物質も、物質間に働く力も、その源は波動だろうと考えられているのです。

ヘブライも日本もインドも、世界は文字によって創造された

宇宙に存在するすべての源が波動であるということは、波動にこそ世界創造の秘密があるとする古代ヘブライの宇宙観にすでに示されていました。

二二文字で構成されるヘブライ語のアルファベットには、それぞれに対応するバイブレーション（波動）と音があり、その文字によって世界が創造されたと教えているのです。

日本も古来、「言霊の幸《さきわ》う国」といわれてきたと聞いています。日本にも古代から、言葉によって現実の世界の出来事が起きているという考え方があったようです。

また、インドのサンスクリット語にも、同様の森羅万象の最小要素を表象するシラブル（音節）が存在しています。シラブルは、すなわちバイブレーションそのものです。

このように、歴史や文化の異なるさまざまな民族が同じような世界の理解の仕方をしているのは、たいへん興味深いことです。

世界でもっとも古くもっとも神秘主義的な教典と多くの人に信じられている『セーフェル・イェツィーラー』では、創造物は（それぞれに対応する音を伴う）

本源的な3文字が最初に生まれた

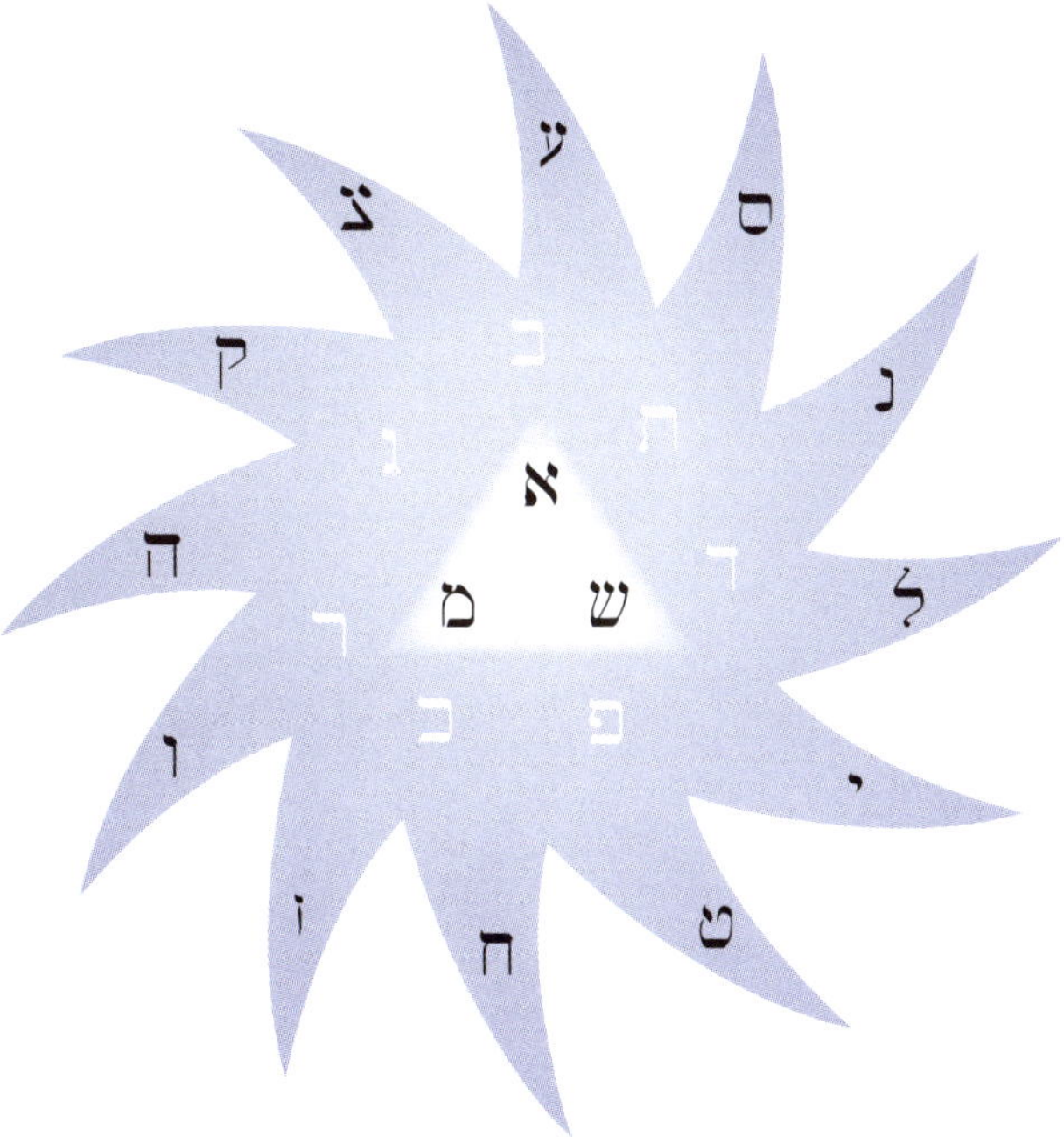

光の文字から生じると説明されています。何もない無から文字が生まれて、空間と時間が生まれたというのです。

最初に生まれたのは本源的な三つのマザー・レター

前ページの図の中心の部分にあるように、最初に何もない無から本源的な文字である三つの「マザー・レター」が生まれました。「Aleph（アレフ）」と「Shin（シン）」と「Mem（メム）」の三つの文字です。これらのマザー・レターは、英語ではAとSHとMに相当します。

「Aleph」は、空気あるいはスピリットを意味します。「Shin」は、光、炎です。「Mem」は、水を象徴しています。水がこの世を包みこんでいるイメージです。

ヘブライ語の22の創造の文字

3つのマザー・レター

א	ש	מ
Aleph(アレフ)	Shin(シン)	Mem(メム)

7つのダブル・レター

כ	פ	ר	ת
Kaf(カフ)	Peh(ペー)	Resh(レーシュ)	Tav(タヴ)

ב	ד	ג
Bet(ベット)	Dalet(ダレット)	Gimmel(ギメール)

12のシンプル・レター

ע	ס	נ	ל	י	ט
Eyin(アイン/ザイエン)	Samekh(サメフ)	Nun(ヌン)	Lamed(ラメド)	Yod(ヨッド)	Tet(テット/テス)
ח	ז	ו	ה	ק	צ
Chet(ヘット)	Zayin(ザイン)	Vav(ヴァヴ)	Heh(ヘー)	Kuf(カフ)	Tzadi(ツァディ)

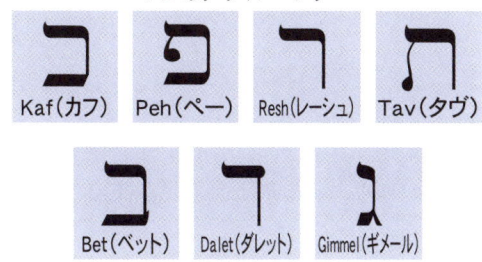

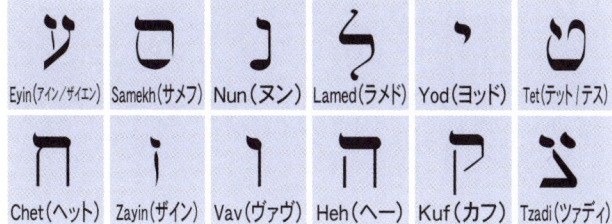

ダブル・レターは発音の仕方によって二元的な意味を表す

この三つのマザー・レターからさらにプリズムを通して輝く光のように、七つの「ダブル・レター（二重文字）」が誕生しました。

これらダブル・レターには、それぞれ①荒々しく、②やさしくささやくようにという二種類の発音があります。この発音の仕方によって、ヘブライ語のダブル・レターは二つの意味を表します。これらについて詳しくは資料編で説明しますが、ここでも簡単に紹介しておきましょう。

Bet（ベット）……知恵／愚かさ

Gimmel（ギメール）……富／貧困
Dalet（ダレット）……豊穣／不毛
Kaf（カフ）……生／死
Peh（ペー）……支配／服従
Resh（レーシュ）……平和／戦争
Tav（タヴ）……美／醜

このようにヘブライ語のダブル・レターは、正反対の意味を表す二元構造になっています。私たちが生きている世界の二元性や対立構造を象徴しているのです。

これは、とても重要なことです。私たちは、常にこれらの二元性のあいだで揺れながら生きています。支配があるから、服従があります。戦争を避けるためには、平和を意識しなければなりません。賢くなるために、私たちは愚かな過ちを犯す必要があるのかもしれません。不毛があるからこそ豊穣を喜ぶことができるかもしれないのです。

一二のシンプル・レターは、その状態の有無に意味がある

これらのダブル・レターのあとに、特定の性質を表す一二の「シンプル・レター」が出現しました。

シンプル・レターには、ダブル・レターのように相反する意味がありません。たとえば、怒り、視覚、嗅覚、男女の調和・交わり（セクシャリティ）、笑いなど特定のことを象徴する文字です。これらは、こういう状態があったり、逆にそういうことがないことによって意味をもってきます。

このようにこの世界は、三つのマザー・レター、七つのダブル・レター（二元性）、さらに一二のシンプル・レターによって創造され、時間と空間が生じたとされています。

私たちは、それぞれの人生においてヘブライ文字の二二のバイブレーションのエネルギーを体現し、経験することになります。そして、その波動、バイブレーションの中心にあるのが名前なのです。

私たちはこの世界に生まれたときに、両親あるいは名づけ親によって命名されます。この世に肉体をもって存在しはじめると同時に、私たちは名前によって自分自身を意識することになるのです。

そして、名前のバイブレーションが、私たちの人生の構造を決定することになります。この名前に秘められた暗号を解明したのが、ソウルプランなのです。

第2章
前半生と後半生の生き方の違いを理解しよう

人生の計画がヘキサグラムのエネルギー・フィールドに示される

この世界は波動のエネルギーで生まれましたが、私たち人間もそれぞれエネルギー・フィールドをもって生まれてきます。ソウルプランでは、私たちのエネルギー・フィールドを、上向きの三角形と下向きの三角形が組み合わさったヘキサグラム（六芒星）の構造で表します。

ヘキサグラムは西洋世界ではユダヤの「ダビデの星」としてよく知られていますが、イスラム教をはじめとするさまざまな宗教で見られる図形です。

日本の神社にもヘキサグラムの図形がつかわれているところがあり、ヒンズー

マカバのエネルギー・フィールド

教ではシャコナ・ヤントラとして知られています。また、アナハタ・チャクラ、すなわち第四チャクラ、ハートのチャクラを示す図の中心にも描かれています。

さらに、このような上下逆に重なった三角形の立体は「マカバ」とも呼ばれます（前ページ参照）。正四面体が上下に重なった立体が、エネルギー・フィールドを形成していると考えられています。

このようにヘキサグラムは、古代から神秘的な力をもつ図形としてさまざまなところに描かれてきたのです。

次ページの図は、レオナルド・ダ・ヴィンチの「ウィトルウィウス的人体図」にヘキサグラムを重ねたものです。下向きの三角形の頂点は地面を指して、上向きの三角形の頂点は天上、すなわちユニバースを指しています。この人体図に重

人間のエネルギー・フィールド

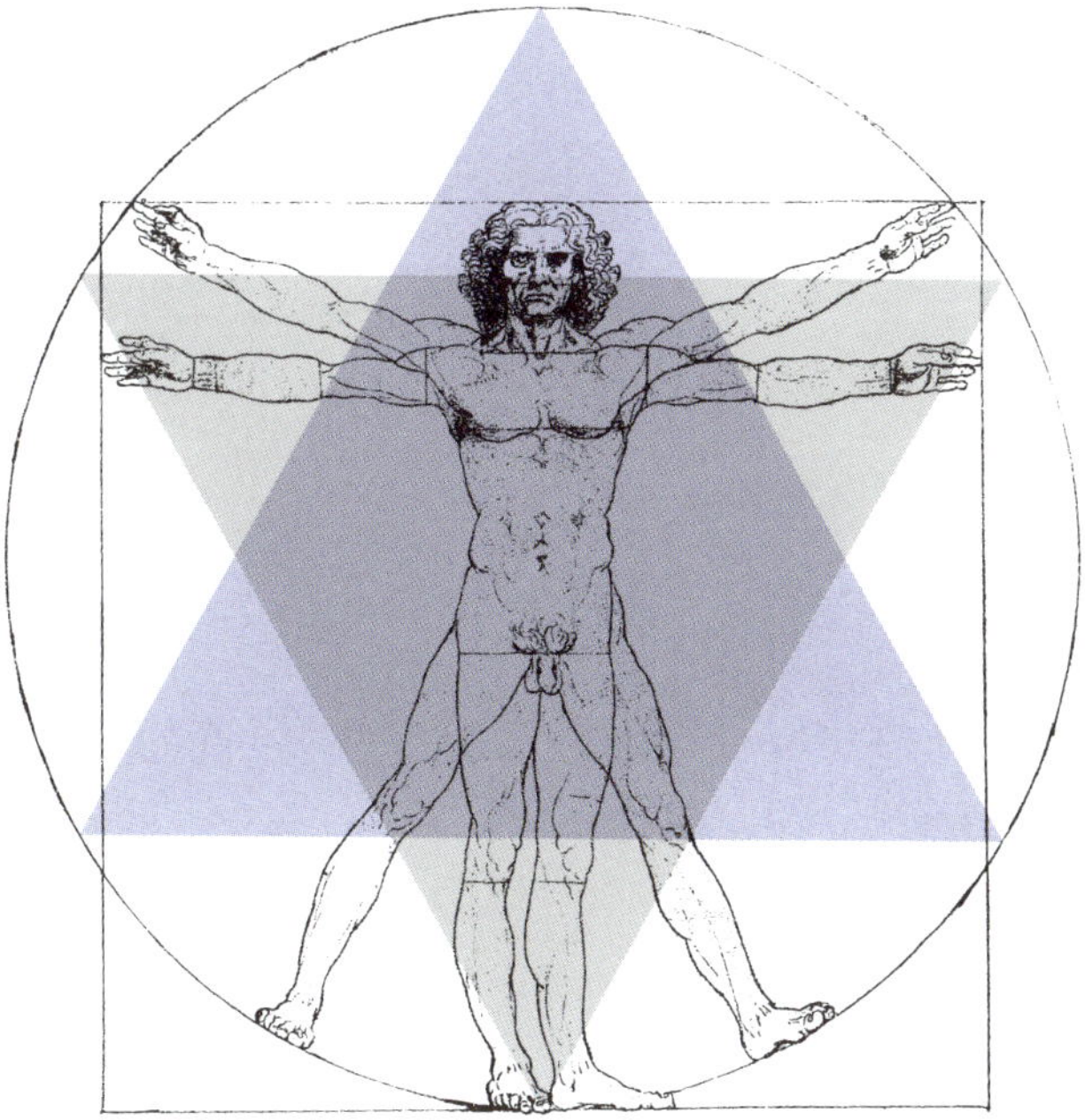

なったヘキサグラムは、私たち一人ひとりのエネルギー・フィールドを象徴しています。

このエネルギー・フィールドに、私たち一人ひとりの波動エネルギーが満ちているのです。

ソウルプランのヘキサグラムは、古代ヘブライの秘法である「カバラ」に由来します。「カバラ」のなかでもとりわけ難解だとされている『セーフェル・イェツィーラー』に、二つの三角形でかたちづくられる星の記述があるのです。

といっても、『セーフェル・イェツィーラー』にヘキサグラムのことがそのまま出てくるわけではありません。とても複雑な数式が書かれていて、「カバラ」の研究者がこれを理論化して、ヘキサグラムの構造になっていることが解明されたのです。

ヒンズー教の教えでは、下向きの三角形はシャクティ（女性性）を表し、上向きの三角形はシヴァ（男性性）を表すといわれています。つまりヘキサグラムは陰陽の融合であり、万物の基礎原理とされているのです。

「カバラ」のヘキサグラムをもとに、ヒンズー教の教えも参考にしながら私が総合的に解釈したのが、ソウルプランのヘキサグラムなのです。

私たち一人ひとりの波動は、下向きの三角形と上向きの三角形の二つで構成されるエネルギー・フィールドを形成しています。このヘキサグラムの波動から、ソウルプラン・システムによって私たちは人生のプランを知ることができるのです。

「現実世界」と「スピリチュアル世界」の構造を表すヘキサグラム

それでは、ソウルプランのヘキサグラムがどのような構造になっているかについて説明していくことにしましょう。

次ページの図を見てください。下向きの三角形は、この地球と宇宙とのあいだに存在している私たちの「現実世界」を表しています。この三角形には、日々の生活のなかで自分が世界、社会、仕事とどのようにかかわっていくのかが示されています。

上向きの三角形は、スピリチュアルなエネルギー・フィールド、すなわち「ス

ソウルプランのヘキサグラム

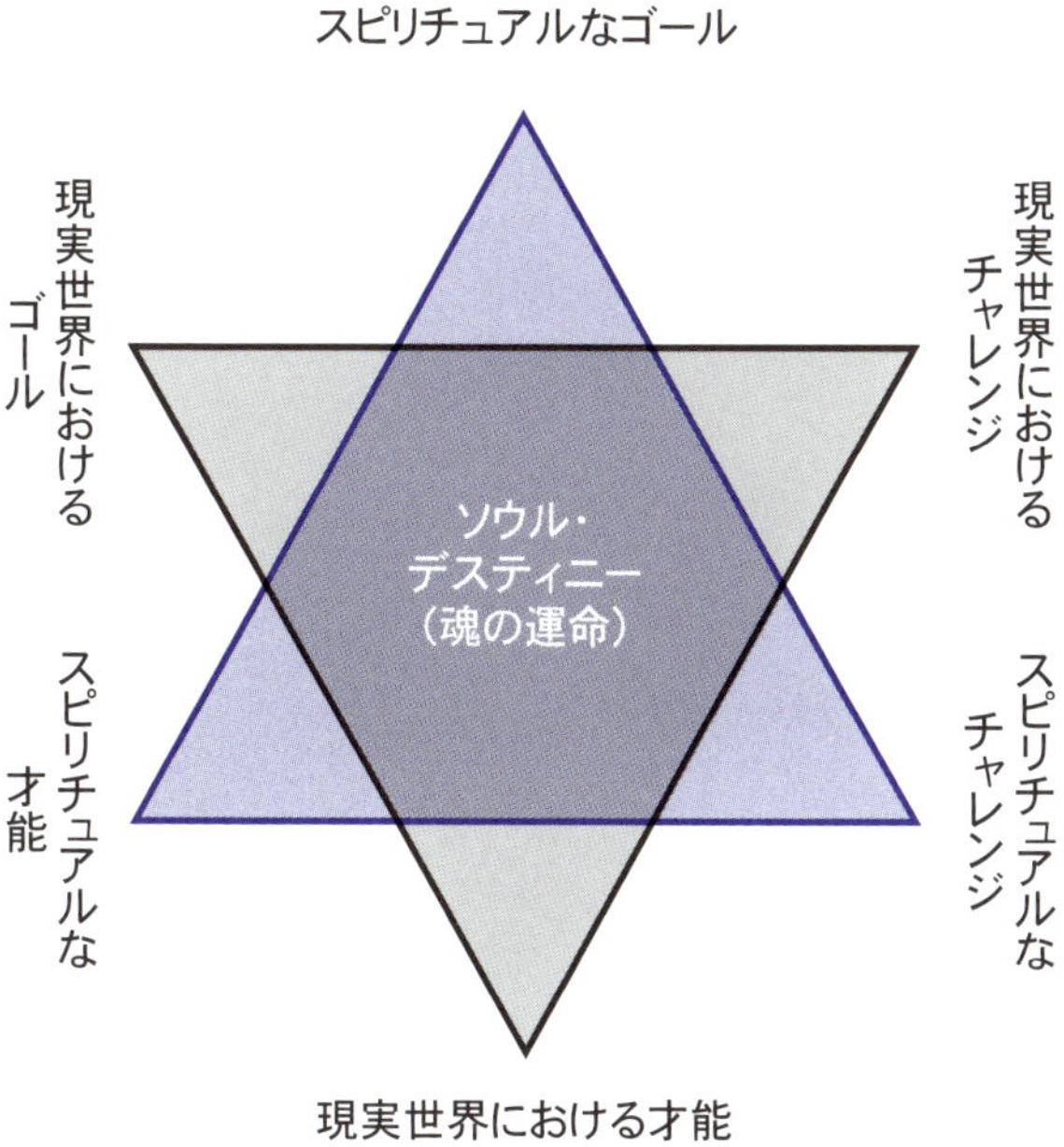

ピリチュアル世界」を表しています。

下向きの三角形の現実世界は肉体をもって地球上に存在する私たちの現実的な側面ですが、上向きの三角形のスピリチュアル世界は私たちの魂の次元における内なる側面です。私たちの人生のより本質的な側面を表すものといっていいでしょう。

現実世界を表す下向きの三角形は物質的・現実的側面を示していて理解しやすいのですが、スピリチュアル世界についてはもう少し詳しい説明が必要かもしれません。ほとんどの人が、自分の人生におけるスピリチュアルな側面に気づいていないからです。

私たちは現実世界で成功したい、もしくは幸せになりたいと思って自らの人生を歩んでいきますが、成功して幸せになったとしても、人はそれだけでは人生をまっとうしたことにはなりません。

『聖書』の「マタイによる福音書」の4の4に、イエス・キリストの次のような言葉が記されています。

「人はパンのみで生きるにあらず」

これはとても有名な言葉ですが、私はこれについて、人間はただ生きるだけではなく、精神世界における魂の次元での達成をも求められている存在だということだと理解しています。

年齢を重ねるとともに
スピリチュアル世界の重みが増していく

日本には厄年という考え方があって、なかでも数え年で男性の四二歳、女性の三三歳は大厄と呼ばれ、凶事や災難にとくに気をつけなければならないとされているようです。そろそろ中年になって肉体が老化していくということもありますが、精神的な変化も大きいからでしょう。

イギリスには、「ミッドライフ・クライシス（中年の危機）」という言葉があります。三〇代後半から四〇代にかけて、それまで実直に働いて堅実な生活を送っていた人が、突然、派手な服を着てスポーツカーに乗って高速道路をハイスピードで走るようになったりします。

三〇～四〇代になると社会的な地位もある程度確立して、仕事の面でも成果が表れるようになります。一見、安定した人生のようにも思えますが、それは同時に自分自身の人生の行く末が見えてしまう時期でもあります。

若いときは地位も名誉もありませんが、無限の可能性があって希望に満ちあふれています。ところが、中年期にさしかかると、それなりの達成感はあるにしても、自分の限界も見えてきます。そうなったとき、自分の人生はこのままでいいのか？　生きている意味があるのか？　と悩んだり、気分が落ちこんでしまったりするのです。

中年期になって発症するうつ病などの精神的な問題の多く、うつ病にならないまでもうつうつとした気持ちになるのは、こうした心の変化によるものです。

このような時期に、スピリチュアル世界の存在に気づく人も少なくありません。「自分は単なる肉体以上の存在である」と気づくことによって、ミッドライフ・クライシスを乗り越えていくのです。

スピリチュアルな世界をことさら意識しなくても、趣味のなかで癒しを得たり、家族や友人、ペットとの関係のなかで安らぐことができるようになる人たちもいます。

なんらかのかたちでこの時期を乗り越えないと、常に空虚な思いを抱えて人生を過ごすことになってしまいます。

人がこの世を去るときに満ち足りた思いで逝くことができるかどうかは、スピリチュアルなエネルギー・フィールドを充実させることができるかどうかによって大きく違ってくるのです。

どんなにお金や財産があっても、どんなに地位や名声が高くても、現実世界が満たされているだけでは、満ち足りた思いで人生をまっとうすることはできません。

そして、年齢を重ねるとともに、このスピリチュアルな世界の重みは増していきます。

言い方を換えると、年輪を重ねるにつれてスピリチュアルな世界のエネルギーが活性化してくるともいえるかもしれません。

幼いうちからスピリチュアルな感覚をもっている子供たちもいますが、本当の意味でスピリチュアルな気づきを得て実践していくためにはやはり中年期を待たなければならないことが多いようです。

ソウル・デスティニーに人生の課題を解決する鍵がある

このヘキサグラムの中心に、「ソウル・デスティニー（魂の宿命）」があります。

ソウル・デスティニーは、私たちの存在の本質ともいうべき、もっとも重要で不可欠な核心で、その人自身の高い潜在能力によって達成される、潜在的な可能性を示しています。これを実現することこそ、人生の究極の目標なのです。

私たち人間は、大地である地球と宇宙空間のあいだに存在しています。私たちは、この大地と宇宙が二元的であるように、自分たちが知覚する現実のなかで二元的なエネルギーを経験します。

二元的なエネルギーは、相反する存在によってもたらされるものであり、相反する価値観であり、それらによって選択される相反する人の生き方そのものなのです。

このような相反する二元的なエネルギーを超越した状態こそ、「解脱（モクシャ）」であり、完全な自分なのです。

自分の人生を生きるなかで、どのようにしてこの二元的なエネルギーのバランスをとっていくか——。これが、私たちが自分の人生を生きるにあたっての大きな課題なのです。

そして、その答えは、現実世界の下向きの三角形とスピリチュアル世界の上向きの三角形のバランスのなかにあります。このバランスをうまくとることができれば、二元的な力はあなたが全体の調和のなかで完全な存在としてアセンションする原動力となるのです。

第3章
魂の宿命が今生の生きる目的を示している

ヘキサグラムの頂点の「チャレンジ」「才能」「ゴール」の意味

ソウルプランでは、ヘキサグラムを構成する現実世界における三角形と、スピリチュアル世界の三角形のそれぞれの頂点が、「チャレンジ」「才能」「ゴール」を表現しています（四三ページ参照）。

まず最初に、現実世界の下向きの三角形を見ていくことにしましょう。現実世界というのは、ふつうに私たちが考えている人生そのものです。

その現実世界で私たちがどのような人生を生きるかが、チャレンジ、才能、ゴールの関係によって決まってきます。

私たちはさまざまな課題をもって生まれてきていますが、その過程でなんらかの試練に直面することになります。それがチャレンジです。チャレンジは日本語に直訳すると「挑戦」という意味ですが、乗り越えるべき課題や困難として理解してもらったほうがいいでしょう。

ソウルプランでは、まずこのチャレンジに着目します。なぜなら、チャレンジに向きあうことによって才能もゴールも活性化するからです。チャレンジを意識しないと、生きる課題も目的も感じずに人生を無為に過ごしてしまうことになりかねません。

しかし、チャレンジは多くの場合、乗り越えられないと感じられるほどの大きな壁として私たちの目の前に立ちはだかります。

それは、出生からついてまわる困難かもしれませんし、病気や大きな事故や怪我かもしれません。

さらには、人間関係でとんでもない落とし穴が待ち受けているかもしれません。

私たちは、まず目の前に現れたそれぞれのチャレンジに対して自分なりに取り組んでいかなければならないのです。

チャレンジが埋もれていた才能に気づかせてくれる

さまざまなチャレンジに立ち向かうにあたって、私たちは自分に備わっている才能によって対処していくことになります。

才能というのは、生まれつき自分がもっている他人よりすぐれた能力です。

子供のうちは、勉強ができたり、スポーツの能力に秀でていたり、人気者だったりということばかりに目が向くかもしれませんが、大人になるに従って人はさまざまな能力を発揮するようになります。

芸術的な創造力だったり、リーダーシップだったりするかもしれませんし、もっと何気ない能力、人間関係の気遣いができることや、ちょっとしたアイデアのひらめきかもしれません。

こういう能力は、より小さなエネルギーで、だからこそ短時間で、課題を克服する力となります。

華々しい才能ではないかもしれません。自分でも気がつかないようなささやかな才能かもしれません。

しかし、誰もが間違いなく現実世界の課題に対処する才能を備えて生まれてきています。

それまで自分でもまったく気づかなかった才能が、チャレンジと出合うことによって発揮されることもあります。乗り越えるべき課題が才能を開かせることもあるのです。

チャレンジ、すなわち目の前に立ちはだかる困難と出合うことによって、それまで自分が目指していた道に進めなくなることがあるかもしれません。しかし、不本意にも進まなければならなくなった道で埋もれていた才能が開花することもあります。

チャレンジが、自分の隠された才能に気づく契機となることもあるのです。

自らの才能でチャレンジを克服したところにゴールがある

現実世界では、才能を発揮することによってチャレンジを克服することができます。その結果として、現実世界の自分のゴールに到達することになるのです。

現実世界におけるゴールというのは、私たちが現実世界で課題を克服して得るもののことです。

たとえば、仕事で身につけた技術かもしれませんし、地位や名誉かもしれません。もしくは、信用や信頼かもしれません。さらには、配偶者や子供に恵まれて幸せな家庭を築くことかもしれません。

格別な成功や幸せでなくても、自分の才能によってそこに到達することに意味があります。そして、このゴールはほとんどの人が到達できるものです。

ただし、ゴールという名前の通り、なんらかのアクションをしないことにはたどり着くことができません。

短距離走のように一気に全力を出すような走り方をしてゴールのテープを切る

人がいるかもしれませんし、マラソンのように長い距離を着実に走りつづけてゴールを目指す人もいるでしょう。

これは、その人のチャレンジと才能によって違ってきます。

チャレンジがあまりにも大きくて、なかなかゴールにたどり着けない人もいるかもしれません。しかしヘキサグラムは、すべての人にゴールがあることを示しています。

チャレンジ、才能、ゴールという私たちのエネルギー・フィールドを構成する要素には、それぞれ肯定的な側面と否定的な側面があります。すなわち二元性です。

これについては、後ほどそれぞれのポイントに特定の波動があるという話をしたいと思います。その波動を読むことによって、そのときの自分の人生がどのような状態なのかわかるのです。

「チャレンジ」「才能」「ゴール」のスピリチュアル世界での意味

先に述べたように、中年期にさしかかって、自分の人生に疑問を感じる時期がきたとしましょう。いわゆるミッドライフ・クライシスです。

ミッドライフ・クライシスは、ヒーリング・クライシスということもできます。ヒーリング・クライシスは「好転反応」ともいわれ、ヒーリング（癒し）の過程で心身に表れる変調のことをいいます。

ミッドライフ・クライシスは、中年期にさしかかってスピリチュアルなことに気づきはじめるとともに起きる好転反応ともいえるのです。

ですからミッドライフ・クライシスは、その人のスピリチュアルな世界のエネルギー・フィールドが活性化しつつある証拠といってもいいのです。

そして、スピリチュアル世界にも、現実世界と同様に、「チャレンジ」「才能」「ゴール」があります。

スピリチュアル世界におけるチャレンジは、多くの人にスピリチュアル世界の存在を気づかせることになります。スピリチュアルなチャレンジがきっかけとなって、それまで存在を感じることのなかったスピリチュアル世界がどんどん活性化していくことになります。

スピリチュアル世界でも現実世界と同様に、スピリチュアルな才能をつかうことで、スピリチュアルなチャレンジを克服してスピリチュアルなゴールを達成することになります。

しかし、スピリチュアルな才能やゴールは、現実世界の才能やゴールとは少し違っています。

現実世界で私たちは、自分と社会との関係や、世界で起きているさまざまなことや、人間関係などにフォーカスして生きています。これは、常に自分を中心に世界を見ているということ、すなわちフォーカスが自分に向いている、内向きだということです。

しかし、スピリチュアル世界のフォーカスは、自分の外に向かって開かれています。自分に対してというよりも、ほかの人やものに対して貢献する、奉仕することが大事になるからです。

すなわち、現実世界では自分を満たすことが一義的な目的となっていますが、スピリチュアル世界では自分以外の存在に貢献することによって自分が満たされるのです。

スピリチュアル世界のゴールは外に向けて開かれている

スピリチュアル世界のゴールには、さまざまなものがあります。いくつか例をあげてみましょう。

たとえば、さまざまなメッセージを社会に発信することがゴールの人がいます。こういう人は、人生の後半でドキュメンタリー映画をつくるかもしれませんし、人々を啓蒙したり、自分が得た知識をほかの人に伝えるために本を書いたりするかもしれません。

また、人に生きる勇気を与えるための物質的な空間づくりが、スピリチュアルなゴールになっている人もいます。

こういう人は、人が寛《くつろ》げる癒しの場を提供したり、ヨガ・センター、アート・ギャラリーなどを開くかもしれません。ヒーリングを体験したり、セミナーを開催する場所を提供したり、そのお手伝いをするのです。

さらに、スピリチュアルなイベントなどのプロデュースをしたり、カウンセラーになることがゴールの人もいるかもしれません。なんらかの教師になるのがゴールという人もいるでしょう。

スピリチュアルなゴールは、こうした貢献や献身がその中心になります。

現実世界のゴールが人生における自己実現であるとするならば、スピリチュアル世界のゴールは現実世界で自分が得たものをお返しする、恩返しのようなものといえるかもしれません。

この恩返しを通して、現実世界の下向きの三角形とスピリチュアル世界の上向きの三角形のバランスがとれるとともに、その二つの三角形が重なったヘキサグラムの中心にあるソウル・デスティニーが実現されるのです。

ソウル・デスティニーの実現は、現実世界とスピリチュアル世界がバランスよく重なった本当の自分に還ることでもあるのです。

第4章
名前の波動がどうして
これだけの意味をもつのか

名前に秘められた意図が波動を通して具現化していく

創造されたものはすべて、思考や意図から生まれています。この世界を創造しているのは波動、すなわちバイブレーションですが、その波動の本質は、それに込められた思考や意図なのです。

はじめに思考があって、それが波動を通して現実として具現化されていくのです。これは、先に紹介した『聖書』に書かれていることであるとともに、日本でも言霊として知られています。

私たち一人ひとりも、波動、バイブレーションにより創造されています。

英語には、次のような表現があります。

「私たちは生まれる前の母親の目のなかのキラキラから始まる」

私たちは一人ひとり、思考やアイデアのきらめきとして始まっているということなのです。

子供が生まれると、名前がつけられます。誰の名前でもすべて「偶然に並んだ文字」ではない特別な意味をもっています。単なる文字の羅列ではありません。

名前は、あなたがこの世界に出現したことを示す最初の意図だからです。

文字と音で表現された名前は波動をもっています。この名前の波動に、文化的、地理的、生物学的、あるいは占星術的な条件などが影響することによって個別化のプロセスが始まります。そして、この波動から、しだいにあなたのアイデンティティが形成されていくのです。

アイデンティティが形成されるというのは、あなたがあなた自身になるということです。あなたは最初からあなたであるわけではありません。人生で向きあうあらゆる経験のなかで、そして人生の選択を重ねていくなかで、あなたになっていくのです。

これは、言葉の波動がこの世界を創造したのと同様、名前の波動があなたを創造するということなのです。

名前の文字と音の波動が、第2章で紹介した下向きの三角形と上向きの三角形からなるヘキサグラムのエネルギー・フィールドを通してあなたをつくっていくのです。

ソウルプランでつかうのは、生まれたときについた名前

生まれたときにつけられた名前がその人の波動を象徴するシンボルになっているのですから、ソウルプランのリーディングには生まれたときの名前をつかわなければなりません。誕生したときにつけられたオリジナルな名前でなければ、正確なリーディングはできないのです。

親との関係から自分の名前が好きでなかったり、違和感があったりする人がい

るかもしれません。しかし、そういう人でも、自分の名前は自分で決めて生まれてきています。

生まれるにあたって自分の魂の計画に合った名前を自分で決めて、親や名づけ親など名前をつけてくれる人に発信し、その人がそれをキャッチして名づけるのです。

つまり私たちは、自分の魂の計画に合わせて、ヘブライ文字の二二種類の波動、バイブレーションのなかから、どれをつかうかを自ら選択して生まれてくるのです。

ですから、名前の波動を読み解くことで、自分が生まれてくるにあたって計画してきた魂の計画を知ることができるのです。

養子になったり、親が離婚したり、結婚したり、さらには改名するなどして、現在の名前が誕生したときの名前と違っている人がいるかもしれません。また、芸名やペンネーム、雅号、筆名、さらには通称名など、いろいろな立場や場面でつかっている名前があるかもしれません。

しかし、そういう名前は本来のあなたの名前ではありません。ソウルプランのリーディングにつかう名前は、あなたが生まれるにあたって決めてきた名前、すなわち一番最初についた名前でなければならないのです。

芸名やペンネームをはじめ、あとでつけた名前は、その名前をつかう場面に限ってリーディングしてみるのはいいのですが、あなたの一生をリーディングしようという場合にはふさわしくありません。

ニックネームや渾名は
できるだけ避けるようにしよう

自分のソウルプランがわかると、自分の本質、人生で克服すべきチャレンジ、才能、ゴールがはっきりわかるので、それまでぼんやりとしていた人生の焦点が絞られてきます。これにより、自分の人生に主体的に取り組めるようになります。

自分のソウルプランがわかると、自分の持ち味、天賦の才能を生かすことで、本当の意味で自分にふさわしい人生を体現できるようになるのです。

だからこそ、気をつけなければならないこともあります。ニックネーム、渾名《あだな》などでは呼ばれないほうがいいということです。

ニックネームで呼ばれることによって、その人の本来のパワーが失われてしまうからです。

生まれたときの名前の波動、バイブレーションで調和しようとして生きている人に別の波動を浴びせるのですから、これは当然のことです。本来の波動、バイブレーションが発揮できなくなってしまうのです。

ニックネームは愛情を込めて呼ぶ場合もあれば、相手をけなすような気持ちが入っている場合もあります。いくら愛情を込めて呼ばれるニックネームだとしても、その人本来の波動、バイブレーションを損なってしまうのですから避けたほうがいいのです。

でも、それほど目くじらを立てるようなことではありません。

アメリカでは、恋人や夫婦間で「ハニー」と呼びあったりしますが、そう呼ばれたからといって「正確に私の名前で呼んで」と怒る必要はありません。あくまでも、自分でそういう呼び方は本来の自分の名前ではないと認識していればいいのです。

第5章
「カバラ」が秘めていた 波動の本質が解明された

『セーフェル・イェツィーラー』の解釈で波動を読み解く

ソウルプランは、古代から伝わるヘブライ文字の数秘術である「ゲマトリア」をルーツとします。また、世界創造の理論やヘブライ文字の波動の解釈は、ユダヤ神秘主義思想の原典ともいうべき『セーフェル・イェツィーラー』をもとにしています。

『セーフェル・イェツィーラー』がいつ頃、誰によって成立したかについては確かなことはわかっていませんが、錬金術や魔術、「タロット」、「カバラ」などはこの書に大きな影響を受けてきました。ユダヤ神秘主義にとっては、聖典ともいえる本です。

ソウルプランは、近代になってからラビ（ユダヤ教の宗教指導者）のアリエ・カプラン師が注釈したグラ版（Gra version）の『セーフェル・イェツィーラー』に基づいています。

さらに、『アトランティス（Exploring Atlantis）』（一九九四年六月、コスモ・テン・パブリケーション刊）の著者であり、チャネラーとしても著名なフランク・アルパー氏が、ソウルプランのシステムづくりに大きな貢献をしてくださいました。

フランク・アルパー氏が、『聖書』のモーゼ・チャネリングを通して開発したゲマトリア数秘術の方法論およびヘブライ文字に対応するシンボルがシステムの重要な構成要素になっているからです。

ヘブライ文字に対応する数字に星座や天体を結びつけて解釈していく方法を編みだしたのは、フランク・アルパー氏の功績です。

さらに、フランク・アルパー氏はチャネリングによって得たシンボルを、次ページの図のように『セーフェル・イェツィーラー』のヘブライ文字の数値と対応させました。

二〇世紀の終わりも近い頃、フランク・アルパー氏は、ヘブライ文字に対応する数値とチャネリングによって獲得したシンボルを対応させたという発表をしたのです。二二文字あるヘブライ文字は、『セーフェル・イェツィーラー』で数値化されます。その数値に該当するシンボルをアルパー氏がチャネリングで関連づけたのです。

フランク・アルパー氏のシンボル

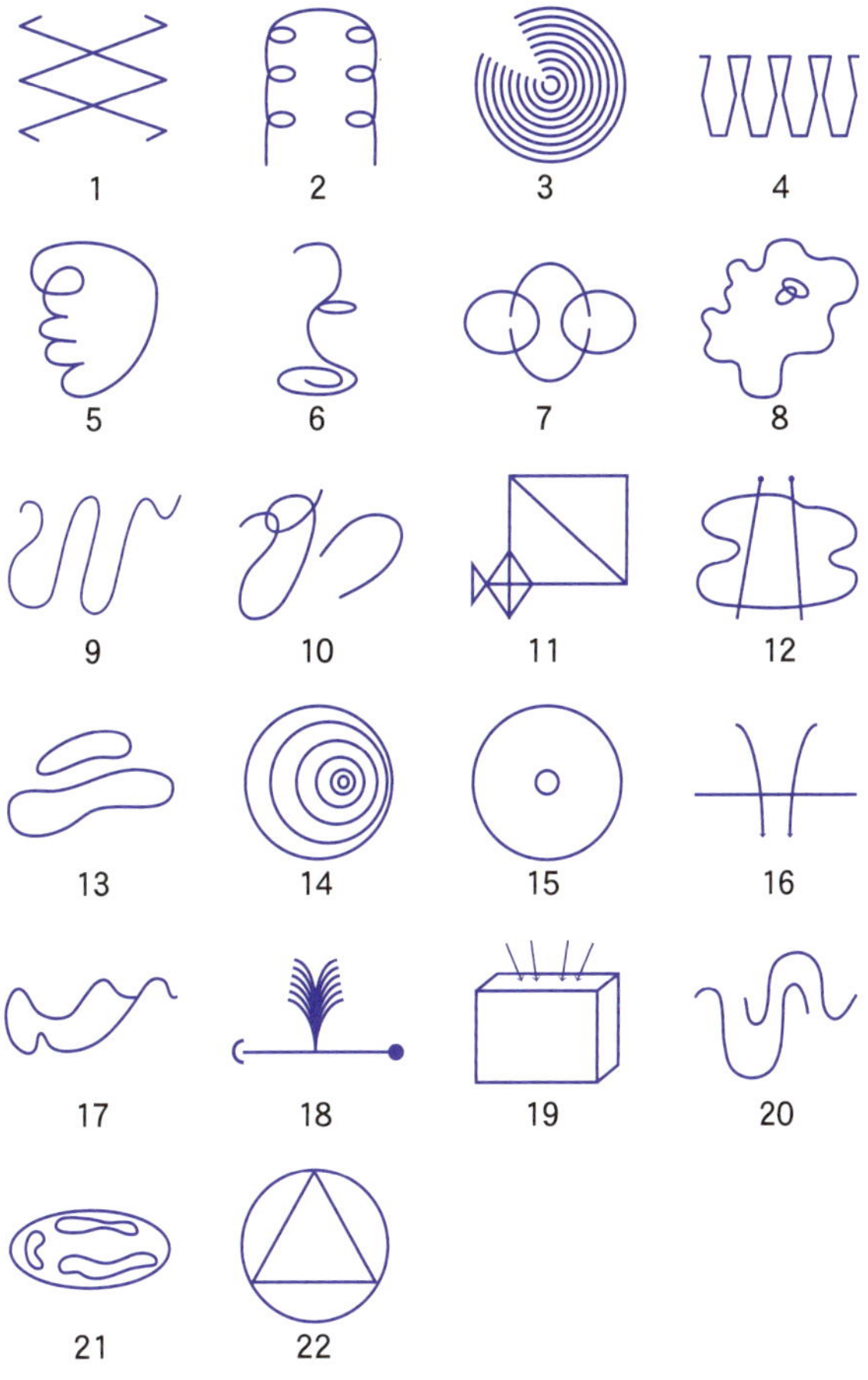

シンボルは入っている位置によって意味がまったく違ってくる

『セーフェル・イェツィーラー』は、きわめて難解な書です。メタファー（隠喩）を多用した象徴的な言語で表現されています。まるで、タオ（道教）の創始者である老子が書いた『道徳経』のようです。

たとえば、ヘブライ文字の「Bet（ベット）」は数値化すれば「2」となり、『セーフェル・イェツィーラー』の本来の解釈では、知恵と愚かさを表象し、占星術的には月であり、身体については右目を示すとされます。

しかし、この『セーフェル・イェツィーラー』の解釈は、『聖書』的であり、また男性的であることに私は満足していませんでした。

そんなときに出合ったのが、フランク・アルパー氏のシンボル解釈でした。このシンボルを使った解釈こそ、『セーフェル・イェツィーラー』の本質をよくとらえていると気づいたのです。

たとえば図にあるヘビのような形をしたシンボルは、『セーフェル・イェツィーラー』では「9」という数字になります。ヘブライ語では、「テット／テス」と読みますが、日本語では「タ」、英語では「T」となります。

『セーフェル・イェツィーラー』では、「テット／テス」は星座のしし座とかかわっているとされ、しし座は肉体でいうと腎臓の左側や、聴覚の質ともつながっています。

このヘビのシンボルは、フランク・アルパー氏がチャネリングしたシンボルです。彼の解釈では、このシンボルはパワー、権力であり、強さを表しています。また非常に強いつながりも表現しています。

このシンボルが現実世界の才能のところにあれば、この世界の現世的な部分でとてもパワフルな人だということです。

しかし、現実世界のチャレンジのところにあれば、パワーに関してなんらかの問題を抱えている人だということになります。誰かにパワーを取りあげられているのかもしれません。または、パワーの間違った使い方をしているのかもしれません。間違った使い方というのは、たとえばヤクザやマフィアなどの暴力組織に所属したりしてパワーを誤用したりしているということです。

もしヘビのシンボルがスピリチュアルな才能のところに入っていたら、その人はとてもよくつながっているということです。聴覚と深くかかわっているシンボルで、霊媒師や霊能者として能力のある人はスピリチュアルのところにヘビのシンボルがある人が多いのです。

しかし、このシンボルがスピリチュアルのチャレンジのところにあれば、そうしたスピリチュアリティがブロックされているということです。

このように、シンボルがどこにあるかによって解釈は変わってきます。

アルパー氏のシンボルをつかうと、『セーフェル・イェツィーラー』の解釈だけでは得られないより多くの情報を名前の波動から知ることができます。私は、大勢のクライアントのソウルプランを見ていくなかでそれを確認し、検証してきました。

見ただけで情報が降りてくるアルパー氏のシンボル

アルパー氏のシンボルは、それを見ただけでソウルプラン・リーディングをする人たちに情報が降りてきます。シンボルのなかに情報の波動、バイブレーションが入っていて、灯台の光のように放射されるのです。『セーフェル・イェツィーラー』の解釈だけでは見えてこなかったさまざまなことが、アルパー氏のシンボルの解釈によって広がりと深みをもって伝わってくるのです。

それは人間が言葉によってだけではなく、シンボルによって考える力ももっているからでしょう。現代人は言葉や論理によって考えますが、おそらく人類は非常に古い時代からシンボルによってインスピレーションを得ていたのだと思います。

私は、フランク・アルパー氏本人とコンタクトをとって、直接教えていただく機会がありました。

残念ながら、ご本人から十分な情報をいただく前、二〇〇七年にアルパー氏は亡くなってしまいました。しかし、奥様のカタリーナ・アルパーさんから、生前に書き残した資料をお借りすることができ、ヘブライ文字の研究をさらに進めることができました。

このようにして『セーフェル・イェツィーラー』とフランク・アルパー氏のシ

ンボルの解釈を統合し、それに私自身が調査、研究した成果やチャネリングを通して得た解釈を加えて開発したのが、この本で紹介しているソウルプランなのです。

第6章
あなたの名前の波動を
ソウルプランで読み解く

ソウルプラン・チャートで
あなたの波動を読んでいく

この章では、一人ひとりの波動がどのように成り立っているか、実例を紹介しつつ、ソウルプランのリーディングの仕方を説明していくことにしましょう。ここでは歌手のマイケル・ジャクソンさんを例にあげて説明していきます。

1. まず、ローマ字表記で各文字のあいだにハイフンを入れて名前を書いていきます。このとき、「ah」「ch」「sh」「ta」「th」「tz」「wh」などの文字の組み合わせはダブル・レター（二重文字）なので二文字で一文字の扱いとします。これらの文字は、数字を書きだす際に間違わないように○で囲んでおくといいでしょう。

アルファベット対数表	
A＝1、AH＝5	N＝14
B＝2	O＝6
C＝11、CH＝8	P＝17（最後にある場合は12）
D＝4	Q＝19
E＝5	R＝20
F＝17	S＝15、SH＝21
G＝3	T=9、TA＝22、TH＝22、TZ＝18
H＝5	U＝6
I＝10	V＝6
J＝10	W＝6、WH＝16
K＝19	X＝15
L＝12	Y＝16
M＝13（最後にある場合は12）	Z＝7

2．アルファベット対数表で文字に対応する数字を書きだしていきます。ここで少しややこしいのは、「m」と「p」が最後にある場合はどちらも「12」となることです。日本語の名前にはないかもしれませんが、これには注意してください。

マイケルさんが生まれたときについた名前は、マイケル・ジョセフ・ジャクソンです。それを書きだしていくと、九五ページの上のようになります。

3．「現実世界におけるチャレンジ」のところから、時計回りにヘキサグラムの六つのポジションに数字を一つずつ書き入れていきます。頂点は六つしかありませんから、長い名前の場合は何周も回ることになります。

マイケルさんのもともとの名前には一九個の数字がありますから、三周して、一つの数字だけ四周めの「現実世界におけるチャレンジ」にかかることになります。参考のために数字を入れていく順番を青の①から⑲で示しました。

4．六つのポジションのそれぞれに書きこまれた数字を足して、それらを合計します。

マイケルさんの「現実世界におけるチャレンジ」は、次のように計算すること

マイケル・ジャクソンさんのチャートの作り方

名前を書き出して、対数表の数字を拾いだす

名前　M-I-(C-H)-A-E-L-J-O-S-E-P-H-J-A-C-K-S-O-N

①②　③　④⑤⑥⑦⑧⑨⑩⑪⑫⑬⑭⑮⑯⑰⑱⑲

数値　13-10-　8　-1-5-12-10-6-15-5-17-5-10-1-11-19-15-6-14

ヘキサグラムの各頂点に順に数字を書き入れて足す

（上の数字を現実世界におけるチャレンジから
時計回りに各ポジションに配置していく）

スピリチュアルなゴール
⑥　⑫　⑱
12＋5＋6＝23
5－5

ここから時計回りに
数字を入れていく

現実世界におけるチャレンジ
①　⑦　⑬　⑲
13＋10＋10＋14＝47
11－2（数値のペア）

第1パート　第2パート　計算の仕方は本文5参照。

現実世界におけるゴール
⑤　⑪　⑰
5＋17＋15＝37
10－1

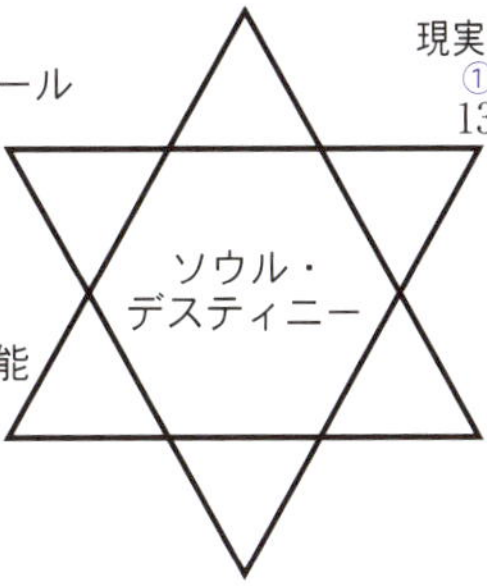

スピリチュアルな才能
④　⑩　⑯
1＋5＋19＝25
7－7

スピリチュアルな
チャレンジ
②　⑧　⑭
10＋6＋1＝17
17－8

③　⑨　⑮
8＋15＋11＝34
7－7
現実世界における才能

になります。

13＋10＋10＋14＝47

同じようにして、各ポジションの数字を足しあわせます。

5．六つのポジションそれぞれの合計の数値から、それぞれ新たに二つの数値のペアを導きます。この数値が、それぞれのポジションのバイブレーションとなります。

私たちは二元性の世界にいるので、すべてのものがペアで成り立っています。

ですから、各ポジションの数値もペアで出すことになります。

①　ペアの最初の数値、第1パート（左項）の数値の導き方……先に4で足した数値が「22」より大きい場合は、各桁の数値をさらに足しあわせて「22」以下の数値にします。「22」以下の場合は、そのままの数値をつかいます。

ヘブライ語には二二文字しかないので、「22」以下の数値の波動になるように計算するのです。マイケルさんの「現実世界におけるチャレンジ」の数値は「47」でしたから、「4」と「7」を足して「11」となります。

②　ペアの二つめの数値、第2パート（右項）の数値の導き方……①の足し算で得られた数値が「10」未満の場合は、その数値がそのまま第2パートの数値となります。このような場合、第1パートと同じ数値となるのでダブル・ナンバーと呼びます。「10」以上の場合は、各桁をさらに足しあわせて「10」未満の数値にします。

マイケルさんの「現実世界におけるチャレンジ」の数値は「47」でしたから、各桁の数値を足して「11」となります。これではまだ「10」未満ではありませんから、さらに各桁の数値を足して「2」となります。

これで、マイケルさんの「現実世界におけるチャレンジ」のペアの数値は「11-2」となります。これと同じ計算を各ポジションでしていきます。

6．ソウル・デスティニーを計算します。「現実世界におけるチャレンジ」から「スピリチュアルなゴール」まで、すべての第1パートの数値と第2パートの数値をそれぞれ全部足していきます（次ページの表参照）。そして、第1パートの数値、第2パートの数値それぞれの各桁（十の位と一の位の数字）を足します。第1パートの数値は、「22」以下になるまで各桁の数値を足すようにし

ソウル・デスティニーを計算する

	数値のペア	
	第1パート	第2パート
現実世界におけるチャレンジ	11	2
現実世界における才能	7	7
現実世界におけるゴール	10	1
スピリチュアルなチャレンジ	17	8
スピリチュアルな才能	7	7
スピリチュアルなゴール	5	5
各項の合計	57	30
各桁の合計	5＋7	3＋0
ソウル・デスティニー	12	3

ます。

ソウル・デスティニーは、あなたが人生で通過していくさまざまな側面、さまざまな分野の合計になるので、それらをすべて足しあわせるのです。

表のように第1パートと第2パートの数値を一覧表にして計算します。一覧表の数値は二列になっています。第2パートの数値は先に5の②で計算したときに「10」未満にしてあります。ここでも、右側の列の第2パートの数値を合計した後の数値も一桁になるようにします。

マイケルさんの場合は、第1パートのすべてのポジションの数値を足すと「57」になりますから「5」と「7」を足して「12」、第2パートのすべてのポジションの数値を足すと「30」になりますから「3」と「0」を足して「3」、ソウル・デスティニーは「12 - 3」となります。

それぞれの数値には、該当するシンボルがあります。次のステップでは、ソウルプラン・チャートのそれぞれのポイントに出てきた数値に該当するシンボルを描いていきます。

第1パートの数値、第2パートの数値、それぞれに対応するシンボルを入れていきます。第1パートと第2パートの数値が同じ場合、シンボルは一つだけで構いません。

一四一ページからの「資料編　数字のバイブレーションとシンボルが意味すること」を参考にしてください。これで、ソウルプラン・チャートができあがります。

ショート・ネームのソウルプラン・チャートはこうつくる

日本人のソウルプラン・チャートをつくる際にしばしば問題になるのが、ショート・ネームです。ショート・ネームというのは、名前をアルファベットで表記したときに一〇字未満、すなわち九文字以下になるものをいいます。

イギリスやアメリカなどでは、ファースト・ネーム、ミドル・ネーム、ラスト・ネームをもつ人が多いので、平均して二〇文字以上は必ずあります。ところが日本では、ショート・ネームをもつ人が多いようです。

たとえば、ビートルズのジョン・レノンさんの奥さんだった小野ヨーコさんの場合は、アルファベットのスペルだと七文字しかありません。名前の文字数が少ない人の場合は、ヘキサグラムのポジションすべてに数字を置くことができなくなります。

そこで、文字数が一〇字未満のショート・ネームの場合は、現実世界の三角形とスピリチュアル世界の三角形が重なったかたちの上向きの三角形だけで表します。

ショート・ネームの人のソウルプランを解釈するときは、通常のヘキサグラムよりも、焦点がはっきり出てきます。人生における選択肢が若干少なくなるという不利益が生じることになりますが、逆に焦点が絞られて集中できると考えることもできます。

中国人の場合は、日本人よりもさらに多くの方がショート・ネームになります。ですから、彼らのソウルプランは一次元的な感じになります。

また、日本人の名前は姓が先で、名前があとに続きます。しかし、たとえば小野ヨーコさんの名前を「Yoko Ono」のように前後を入れ替える必要はありません。生まれたときについた名前で見るので、その日本語の名前の順番のままでいいのです。

それでは、ショート・ネームのチャートのつくり方を説明していきます。ロング・ネームと同じ部分もあるので、その部分は省略します。

ロング・ネームと同じように1と2の手順で名前を書きだし、対数表で文字に対応する数値を書きだしていきます（九二〜九三ページ参照）。

3．「現実世界における／スピリチュアルなチャレンジ」のところから、時計回りに三角形の三つのポジションに数字を一つずつ書き入れていきます。頂点が三つしかありませんから、ショート・ネームでも二周にかかるくらいは回ることになります。

4．三つのポジションのそれぞれに書きこまれた数字を足して、それらを合計します。

5．三つのポジションそれぞれの合計の数値から、それぞれ新たに二つの数値のペアを導きます。この数値が、それぞれのポジションのバイブレーションとなります。

ペアの数値の導き方は、ロング・ネームの場合と同様です。5の①②（九七ページ）を参照してください。

6．ソウル・デスティニーを計算します。三つのポジションの第1パートの数値と第2パートの数値をそれぞれ全部足していきます。そして、第1パートの数値、第2パートの数値それぞれの各桁（十の位の数値と1の位の数値）を足します。第1パートの数値は「22」以下、第2パートの数値は「10」未満になるまで各桁の数値を足すようにします。

そして最後に、シンボルを書き入れていきます。

ソウルプランを解釈するなかで直観力も磨かれていく

それでは、ソウルプラン・チャートをどう解釈して読んでいくか、具体的に説明していくことにしましょう。

それぞれの数字の波動、バイブレーションの解釈の仕方は二通りあります。それぞれの数値がもつポジティブな側面やネガティブな側面については「資料編数字のバイブレーションとシンボルが意味すること」で説明しているので参考にしてください。

数字の波動、バイブレーションを読み解くと同時に、シンボルを見て直観的な情報を受けとっていきます。

シンボルは、潜在意識に到達するためのものであり、さらに潜在意識からやってくる情報を受けとるためのものです。シンボルを見ると潜在意識から何か語りかけてくるのを感じます。それを素直に受けとってください。

こうすることで、まったく新しい次元の解釈ができるようになります。

また、シンボルを見て情報を受けとる経験を何度も繰り返しているうちに、リーディングの直観力が磨かれていきます。

ソウルプラン・リーディングをするメリットの一つは、自分自身の直観力が磨かれていくということなのです。

マイケル・ジャクソンさんのソウルプランに示されていること

一一〇ページの図は、マイケル・ジャクソンさんのチャートにシンボルを書き入れたもので、ソウルプラン・チャートは、これで完成です。

それでは、マイケルさんの魂がもっていたパターンを読み解いていくことにしましょう。

まずは「現実世界におけるチャレンジ」ですが、「11 - 2」というチャレンジをもってマイケルさんは生まれてきています。

マイケルさんのこのポジションに入っている左側の「11」は、「構造と調和」のシンボルです（一六二ページ参照）。これは幾何学模様なので回転させてイメージすることもできますが、私たちがどうやってこの世の中の構造を理解するかということを象徴しています。

もう一つ、右側に入っている「2」のシンボルは、「コイル・スプリング」と呼ばれています。これは、感情の強さと関係があって、月のサイクルと連動しています（一四四ページ参照）。

この二つの波動、バイブレーションの組み合わせをマイケルさんがチャレンジのポジションのところにもっているということは、構造と感情的強さという二つ

ヘキサグラム

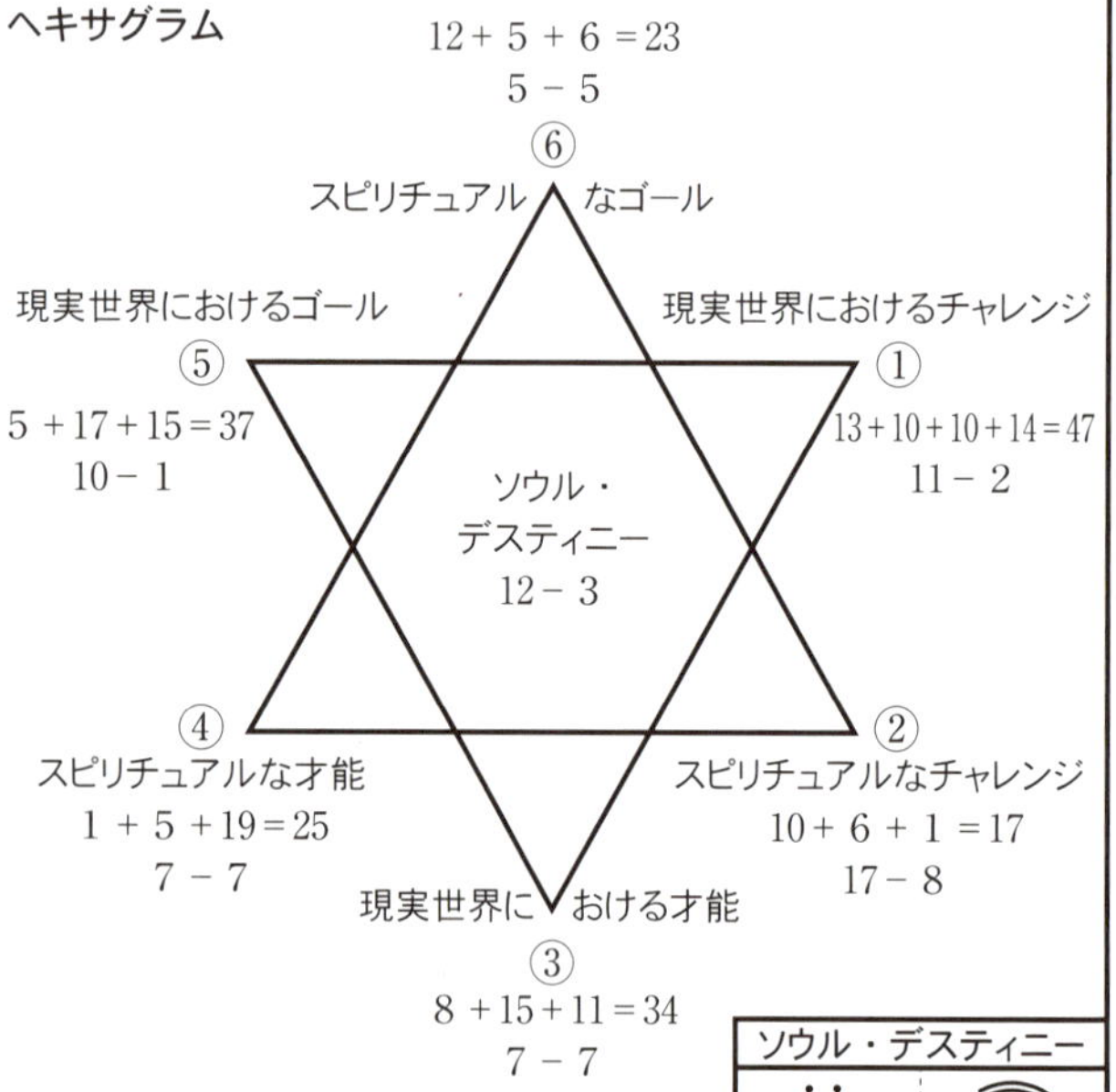
12＋5＋6＝23
5－5
⑥
スピリチュアルなゴール
現実世界におけるゴール
⑤
5＋17＋15＝37
10－1
現実世界におけるチャレンジ
①
13＋10＋10＋14＝47
11－2
ソウル・デスティニー
12－3
④
スピリチュアルな才能
1＋5＋19＝25
7－7
②
スピリチュアルなチャレンジ
10＋6＋1＝17
17－8
現実世界における才能
③
8＋15＋11＝34
7－7

シンボル

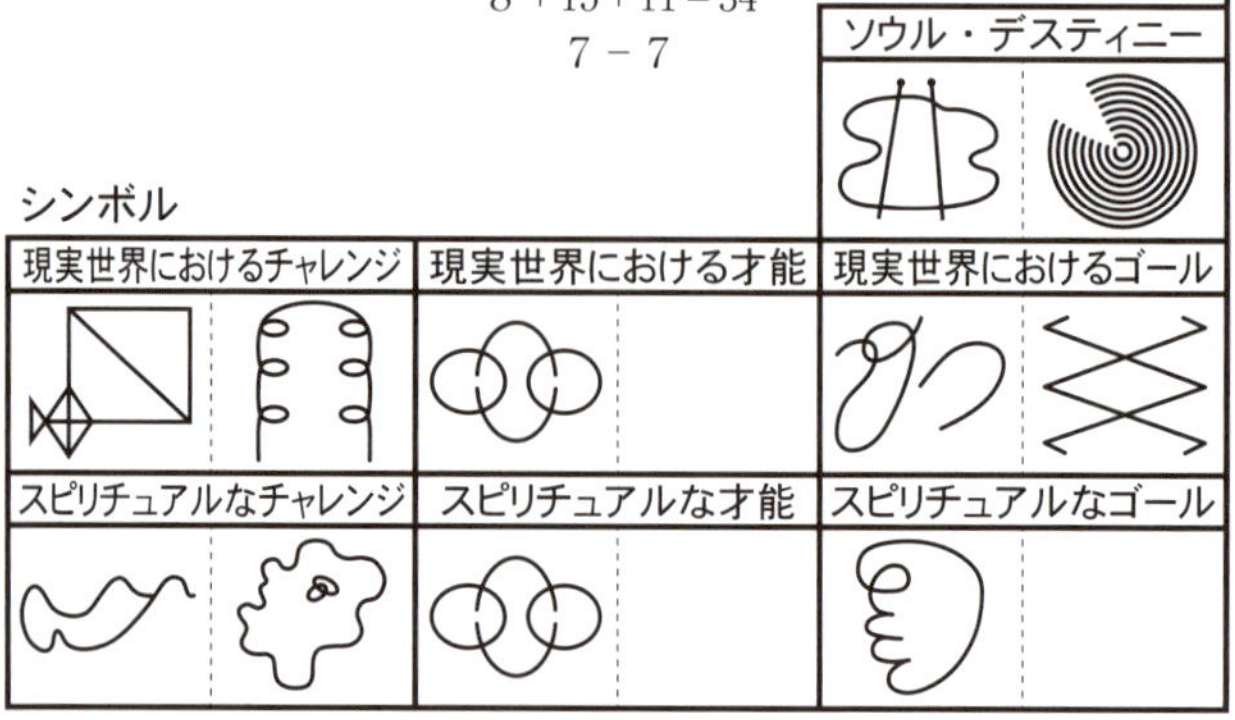
ソウル・デスティニー
現実世界におけるチャレンジ
現実世界における才能
現実世界におけるゴール
スピリチュアルなチャレンジ
スピリチュアルな才能
スピリチュアルなゴール

ロング・ネーム(アルファベット10文字以上)用ソウルプラン・チャート

お名前《ふりがな》	マイケル・ジャクソン

お名前：M-I-(C-H)-A-E-L-J-O-S-E-P-H-J-A-C-K-S-O-N

数　値：13-10- 8 -1-5-12-10-6-15-5-17-5-10-1-11-19-15-6-14

アルファベット対数表

A＝1、AH＝5 B＝2 C＝11、CH＝8 D＝4 E＝5 F＝17 G＝3 H＝5 I＝10	J＝10 K＝19 L＝12 M＝13(最後の場合は12) N＝14 O＝6 P＝17(最後の場合は12) Q＝19 R＝20	S＝15、SH＝21 T＝9、TA＝22、 TH＝22、TZ＝18 U＝6 V＝6 W＝6、WH＝16 X＝15 Y＝16 Z＝7

ソウル・デスティニーの計算　　数値のペア

	第1パート	第2パート
現実世界におけるチャレンジ	11	2
現実世界における才能	7	7
現実世界におけるゴール	10	1
スピリチュアルなチャレンジ	17	8
スピリチュアルな才能	7	7
スピリチュアルなゴール	5	5
各項の合計	57	30
各桁の合計	5 + 7	3 + 0
ソウル・デスティニー	12	3

の点において問題を抱えていたということです。

またこの組み合わせは、たとえば生と死という二元性の問題とも関係がありま す。この生と死のチャレンジをもっている人は、人生において何か大切なものを喪失する体験をしていることが多いのです。

マイケルさんは、子供時代を喪失していました。兄たちとジャクソン・ファイブを結成して子供の頃からショー・ビジネスの世界で活躍し、さらには父親から虐待を受けていました。

ただ、マイケルさんはふつうの人とはまったく違う世界観、世界に対する見方をもっていました。それが後年、彼が問題を抱える原因にもなりました。このチャレンジについては、後ほどまたお伝えします。

次に注目したいのは、現実世界の才能とスピリチュアル世界の才能の両方に「7」があって、しかも、第1パートも第2パートも「7 - 7」だということです。これは、かなり特異なことです。

「7」のシンボルは、「鎖のリンク」「チェーン・リンク」と呼ばれています（一五四ページ参照）。このチェーンの真ん中にあるリングは本人を象徴し、残りの部分はほかの人を象徴しています。

このシンボルを才能のポジションにもっている人には、ほかの人々が引き寄せられます。鎖の真ん中でつなぎ目の役割をする人だということです。

こういう才能をもっている人は、人前で何かをすることができたり、もともとハートがオープンな人が多くて、人に好かれる傾向があります。マイケルさんは、この数字を現実世界とスピリチュアル世界に二揃いずつもっていました。とんでもない求心力、磁力のような力があったのです。

マイケルさんの「現実世界におけるゴール」を見ると、この世でもちうるもっとも高い波動の組み合わせ「10・1」をもっています。

このポジションには二つのシンボルが入っていますが、左の「10」のシンボルは男性エネルギーと女性エネルギーのバランスを示しています（一六〇ページ参照）。これがゴールのところにあるというのは、マイケルさんのゴールが男性エネルギーと女性エネルギーのバランスをとることにあったということになります。すなわち、その部分においてなんらかのアンバランスがあったということが考えられます。

右の「1」のシンボルは、ユニティ、統合を示しています（一四二ページ参照）。ヒーラーを象徴したり、聖なる男性を象徴する。たとえば大天使ミカエルなどの波動、バイブレーションです。これを「現実世界におけるゴール」のところにもっていると、現実世界において特定の目的はとくにないということになります。

そういう人の場合、「スピリチュアルなゴール」は何かを見にいきます。マイケルさんは、ここに非常に特殊な数字の組み合わせ、「5 - 5」が入っています。「5」は、スピリチュアルな次元から現実の次元に降りてきている波動、バイブレーションを意味します（一五〇ページ参照）。

この数字をもっている人は、声を通してなんらかのヒーリング・メッセージを伝えることがゴールです。ですから、マイケルさんがたとえば『ウイ・アー・ザ・ワールド』や『ヒール・ザ・ワールド』などの曲を歌ったのは非常に納得できます。

しかし残念なことに、彼は非常に困難なスピリチュアル・チャレンジ「17-8」をもっていました。

左の「17」のシンボルは口や舌を意味します（一七四ページ参照）。口や舌が世界に入っているイメージです。右の「8」のシンボルは支配と服従という両極を象徴しています（一五六ページ参照）。ということは、マイケルさんは人生において支配と服従に関するチャレンジを抱えていたということです。

「現実世界におけるチャレンジ」から見ていくと、彼は成功するためにほかの人に依存する傾向があったことがわかります。マイケルさんはふつうの子供であることを許されていませんでした。マネージャーである父親が毎日毎日厳しい練習をさせて、子供らしい生活がまったくできなかったのです。

後年になってマイケルさんが何に依存し、何に服従したかというと、睡眠薬でした。薬物に服従したのです。

しかし、もしマイケルさんが自分のソウル・デスティニーにある程度気がついていたら、どうだったでしょうか。

「12 - 3」という数字は、愛と知恵を体現する大きなものをつくっていくというデスティニーです。そして、自分自身の魂と一つになり、世界に大いなる愛を表現していくデスティニーです（一六四ページ参照）。こういったソウル・デスティニーをもっている人は、生き急いでいることが多いのです。自分の魂とじっくりつながる、一緒になる時間をもつことができないのです。

残念なことにマイケルさんは若くして亡くなりましたが、こういう運命もソウルプラン・チャートから見て納得できます。

高倉健さんはソウル・デスティニーを達成する人生を生きた

それではショート・ネームの実例として、二〇一四年に亡くなった高倉健さんのソウルプラン・チャートを見ていくことにしましょう（一二〇～一二一ページ参照）。高倉健さんの本名は、小田剛一さんといいます。この名前で見ていくことになります。

アルファベットに置き換えると「Oda Goichi」は九文字ですから、ショート・ネームということになるので、次ページの図のように上向き三角形だけのソウルプラン・チャートです。

三角形が一つのときは、「現実世界におけるチャレンジ」と「スピリチュアル世界のチャレンジ」は同じポジションになります。

図のように、最初の文字の数字を現実世界とスピリチュアル世界のチャレンジが重なった「現実世界における／スピリチュアルなチャレンジ」のところに置いていきます。同様に、現実世界の才能とスピリチュアル世界の才能も同じポジションです。ゴールも、現実世界のゴールとスピリチュアルなゴールは同じところにあります。

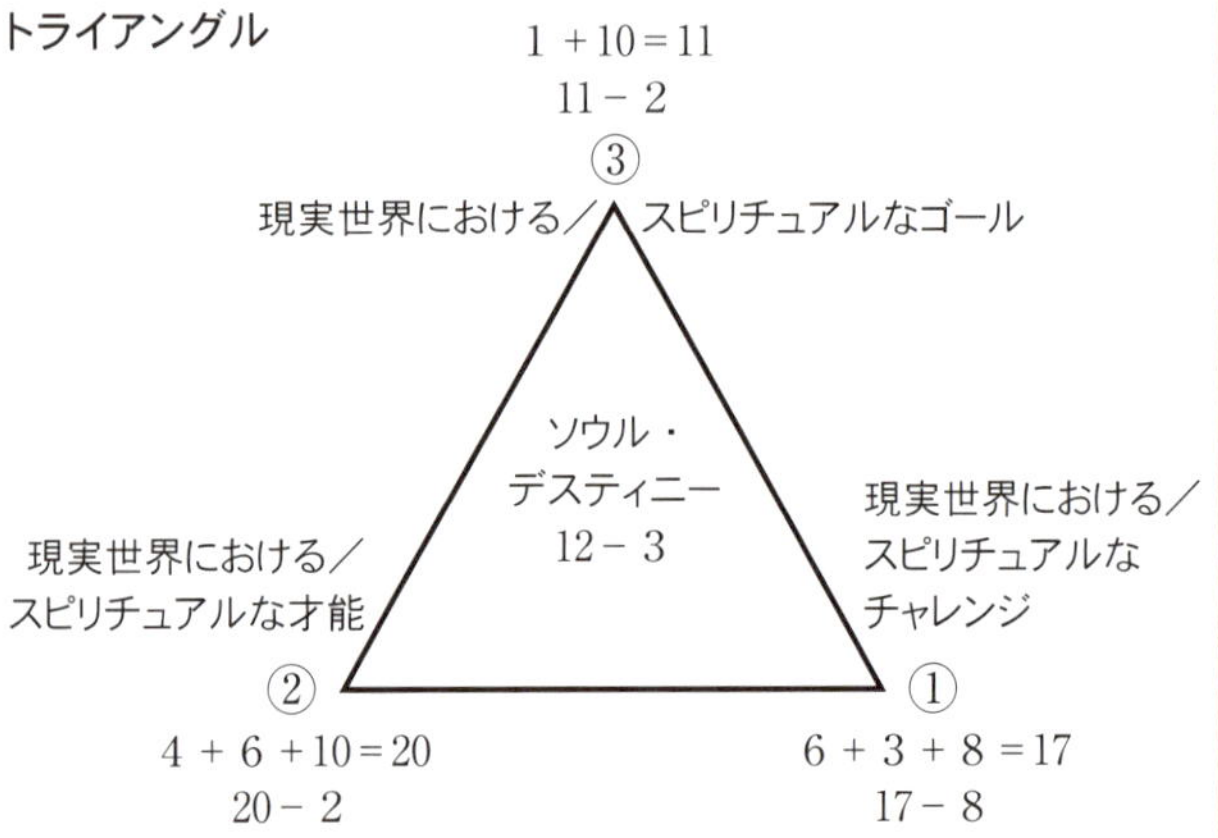

エネルギーのカテゴリー

ショート・ネームでは、エネルギーが該当する一般的カテゴリーを調べることも役に立ちます。肉体に現れている方向性を直観する手助けとなるでしょう。なお、15はスピリチュアルと創造的なカテゴリー、19は創造的と現実的なカテゴリーの両方に属しています。

スピリチュアルなカテゴリー：

1、5、7、9、10、13、14、15、18、21、22

創造的なカテゴリー：

2、3、6、12、15、19、20

現実的なカテゴリー：

4、8、11、16、17、19

ソウル・デスティニー
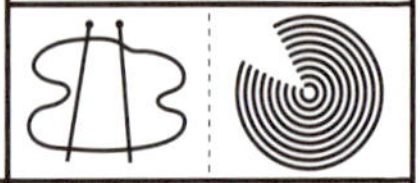

現実世界における／スピリチュアルなチャレンジ	現実世界における／スピリチュアルな才能	現実世界における／スピリチュアルなゴール
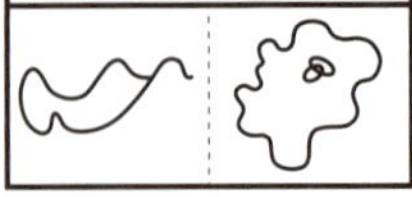	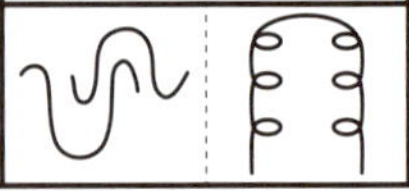	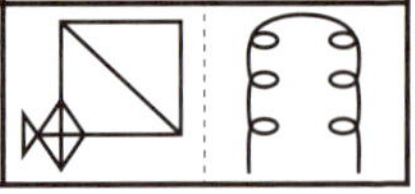

ショート・ネーム（アルファベット10文字未満）用ソウルプラン・チャート

ふりがな お名前	高倉健（小田剛一）

お名前：O-D-A-G-O-I-C-H-I

数　値：6-4-1-3-6-10- 8 -10

アルファベット対数表

A＝1、AH＝5	J＝10	S＝15、SH＝21
B＝2	K＝19	T＝9、TA＝22、TH＝22、TZ＝18
C＝11、CH＝8	L＝12	U＝6
D＝4	M＝13（最後の場合は12）	V＝6
E＝5	N＝14	W＝6、WH＝16
F＝17	O＝6	X＝15
G＝3	P＝17（最後の場合は12）	Y＝16
H＝5	Q＝19	Z＝7
I＝10	R＝20	

ソウル・デスティニーの計算　　数値のペア

	第1パート	第2パート
現実世界における／スピリチュアルなチャレンジ	17	8
現実世界における／スピリチュアルな才能	20	2
現実世界における／スピリチュアルなゴール	11	2
各項の合計	48	12
各桁の合計	4＋8	1＋2
ソウル・デスティニー	12	3

ショート・ネームの特性

　ショート・ネームでは、個々の文字のエネルギーが強く影響します。このエネルギーはポジティブにもネガティブにも働きます。環境や、ソウルプランがどれだけ機能しているか、活性化しているかによって影響の度合いは違います。

そして、ソウル・デスティニーを計算すると、第1パートの合計数値は「48」になりますから、「4」と「8」を足して「12」です。第2パートの数値は一桁にするので、「12」の「1」と「2」を足して「3」になります。この結果、小田剛一さんのソウル・デスティニーは「12 - 3」という組み合わせになります。

「12 - 3」というソウル・デスティニーは、マイケル・ジャクソンさんとまったく同じです（一六四ページ参照）。しかし、ソウルプランの内容そのものはだいぶ違っています。

日本人はショート・ネームの人が多いのですが、こういう人は非常に強いタイプのソウルプランをもっています。すべての要素がより強烈に出るのです。

こういうソウルプランをもつ人のデメリットは、全部レールが決まっているようで、あまり自由裁量がない場合が多いことです。

健さん、すなわち小田さんも、やはりスピーチと社会の組み合わせを「現実世界における／スピリチュアルなチャレンジ」としてもっていました。こういったパターンは、歌手や俳優に多く見られます。

口や舌をイメージさせるシンボル「17」が第1パートに入っています。これは、コミュニケーションを象徴するシンボルです（一七四ページ参照）。これがチャレンジのところにあるのですから、社会に出ていって何か話をする、表現をすることに関してチャレンジを抱えていたと解釈できます。このチャレンジを克服するために、健さんは自分の才能を使うことになります。

健さんの「現実世界における／スピリチュアルな才能」にある「20」のシンボルは、流れるエネルギーと感情の強さを示しています（一八〇ページ参照）。非常にポジティブな才能です。この波動、バイブレーションをもつ人は探求者で、固定観念を乗り越えるアイデアを生みだします。外国に出かけていってその国で成功するような人は、このシンボルをもっている人が多いようです。

才能のポジションにこうした波動、バイブレーションをもっている人はパフォーマンスの才能があります。ですから、健さんは新しいアイデアを得ることによって、自分のチャレンジを克服していったはずです。

チャレンジを克服したら、それが最大の強みになります。才能をつかって現実世界とスピリチュアル世界のゴールに到達することができるのです。

健さんのゴールには、構造のシンボル「11」があります。これは、ほかの人に大きな影響を与えることを暗示しています（一六二ページ参照）。周りから非常に尊敬される人だということが、これでわかります。

ソウル・デスティニーには、彼がほかの人をインスパイアすることが表れています。

ソウル・デスティニーの波動、バイブレーションは、拡大のエネルギーです。第2パートのシンボル「3」はコミュニケーションで、表現することを象徴しています（一四六ページ参照）。最初はコミュニケーションに関するブロックが少しあって、それを克服しつつあったはずです。

でも、健さんの本来の目的は本当の自分の魂とつながってそれを表現することであり、それがソウル・デスティニーになっています。すなわち、純粋に愛を表現していくということです。

ソウル・デスティニーをどれだけ達成できたかによって、どれだけ多くの人に影響を残すか違ってきます。健さんは日本で多くのファンに支持されていた俳優だと聞いているので、ソウル・デスティニーを完全に達成したのだと思います。

こんな特異点がソウルプラン・チャートにある場合の読み方

ここで、ソウルプランを読むにあたって特徴的なポイントについて、いくつか紹介しておくことにしましょう。

1．才能は、チャレンジとゴールの中心力（支点）となります。自分の才能に気づき、その才能をチャレンジを克服しゴールに向かっていくことに活用できるようにしましょう。

2．チャレンジが現実世界およびスピリチュアル世界で同じ場合、とくに強烈な体験を乗り越えるために、強力な才能・素質が必要になります。

3．才能とチャレンジが同じであれば、そのチャレンジを克服する能力が確実に備わっているということです。

4．ゴールと才能が同じであれば、目標を達成する能力が確実に備わっているということです。

5．「14」、そして「4」「5」「8」「9」を含むペア（たとえば「4－4」「5－5」など）、または「10－1」が多くある場合、とても霊的な力があるということ、すなわちスピリチュアルな能力があるということです。

6．チャレンジに「3－3」「6－6」「9－9」「16－7」がある場合、怒りやフラストレーションを表し、「16－7」は肝臓の問題を表します。

7．ダブル・ナンバーが多くある場合は、ある決まった意味を示すことがあります。これは、不安感を暗示しているかもしれません。ダブル・ナンバーは、ソウルがそのエネルギーの強さや、ある特定の要素を経験するよう望んでいるときに選ばれます。チャート全体がダブル・ナンバーで占められている人は、型にはまった境界線に取り囲まれているように感じ、決まりきった人生の道筋を経験するかもしれません。これが、不安感に通じることがあります。

8. チャレンジにダブル・ナンバーがあると、そのエネルギーが非常に強烈に表れます。その人が体験しなければならない何かがあるのでしょう。

9. 違う数字の組み合わせ、すなわちコンビネーション・ナンバーが多くある場合は、焦点があまり定まらないことがあります。とくに多い人は、選択や方向性が散漫になりがちです。こういう人は、バラバラな感じや混乱を感じたりしがちなので、集中が大きな問題なのです。自身のソウル・パーパス（魂の目的）とより強くつながることで、この問題を回避し、強み・長所に転換することができます。ダブル・ナンバーとコンビネーション・ナンバーをあわせもっていることが理想的です。

10. 才能とゴールのポジションに「10 - 1」の組み合わせが三つ以上あったり、

または「10・1」「18・9」「22・4」の組み合わせがある場合（例：現実世界における才能「10・1」、現実世界におけるチャレンジ「10・1」、現実世界におけるゴール「22・4」、スピリチュアルなチャレンジ「22・4」、スピリチュアルな才能「18・9」、スピリチュアルなゴール「12・3」、ソウル・デスティニー「13・4」）は、ソウル（魂）がサイクルの終わりに近づいているか、完了する（必ずしもそうとは限らず、他のエネルギーのコンビネーションでもそうである可能性はあります）ことを示唆しているかもしれません。

11. 「10」以上のバイブレーションが優勢であることはまれです。これはきわめて高い魂（のレベル）を表し、とくに「10」「18」「22」がそうです。

12. ロング・ネームは多くの方向性を表し、なんでも屋のようになってしまうかもしれません。一五から一八文字が理想的です。

13. スピリチュアルなチャレンジと現実世界におけるゴールが同じ数値の場合は、まずスピリチュアルなチャレンジから取り組む必要があります。

14. チャレンジのポジションにダブル・ナンバー（「1‐1」「2‐2」〜「9‐9」）がある場合は、より強力です。

15. 姓と名前のあいだにダブル・レターの組みあわせがある場合（例：Eliot Abrahams）は、チャートが二つ必要です（ta＝22と、t＝9／a＝1で二種類のチャートを作成し比較します）。日本人の名前ではまれかもしれません。

16. 出生時の名前には、優勢なバイブレーションがあります。現実世界で異なる名前をつかっているとしたら、それにさらによい色を添えるものになります。

17. チャートにスピリチュアルな性質が強いバイブレーション（例：「1」「5」「9」「10」）しかない場合は、グラウンディングしていないので、自分の才能を発揮することが難しいかもしれません。

18. チャートに物質的な性質が強いバイブレーション（例：「4」「8」「11」）しかない場合は、現世的（世俗的）で想像力に欠けているため、最初はスピリチュアリティにつながることが難しいかもしれません。

19. 「1」「3」「5」「7」はコミュニケーション・エネルギーであり、一方「3」「6」「9」「10」「15」はすべて創造的なエネルギーです。しかし、多くのエネルギーが他の分野とも関連していて（「22・4」はすべてに当てはまる）、すべて究極的にはつながりがあります。

20．バランスがとれていることはあらゆる方面の能力に秀でているということですが、これはよいとか悪いとかいうことではありません。魂は、学ぶために特定の方向を選んできているかもしれないからです。

21．「8」はもっとも強い地球のバイブレーションですが、同時に地球にスピリチュアル的意味を与えるエネルギーでもあります。古代ヘブライ語では、地球の超越性を示す意味があります。

満ち足りた人生を送るために自分を見つめなおしましょう

自分や周囲の人のソウルプラン、そしてソウル・デスティニーをより深いレベルで読めるようになると、たくさんのことがわかってきます。一年後には、こういうことだったのかと納得できると思います。

ソウルプラン・リーディングは、占いではありません。自分の魂がこの現実世界に出している波動を受け入れることが、ソウルプランの目的です。

いろいろな体験を受け入れて自分の才能を活かすようにしていくと、自然に自分のゴールへ向かって歩むことになり、満足した人生を送ることができるようになります。

そして、究極的には自分の魂の目的を純粋に表現する存在になることができます。それが完全に実現できたら、無になって同時にすべてのものになります。

インドの哲学者、ニサルガダッタ・マハラジは次のように言っています。

「私自身が無であることに気づくこと、これは英知である。私自身が無であることに気づくこと、それは私が愛であるということに気づいたことと同じである」

ソウルプランで自分の人生を見つめなおすことによって、誰もがこの境地に近づくことができるのです。

一三六ページから、ロング・ネーム用のソウルプラン・チャートとショート・ネーム用のソウルプラン・チャートを掲載したので、ご自身ならびに周囲の方のソウルプランのリーディングにご利用ください。

また、「資料編　数字のバイブレーションとシンボルが意味すること」では、

※コピーしてご利用ください。

ヘキサグラム

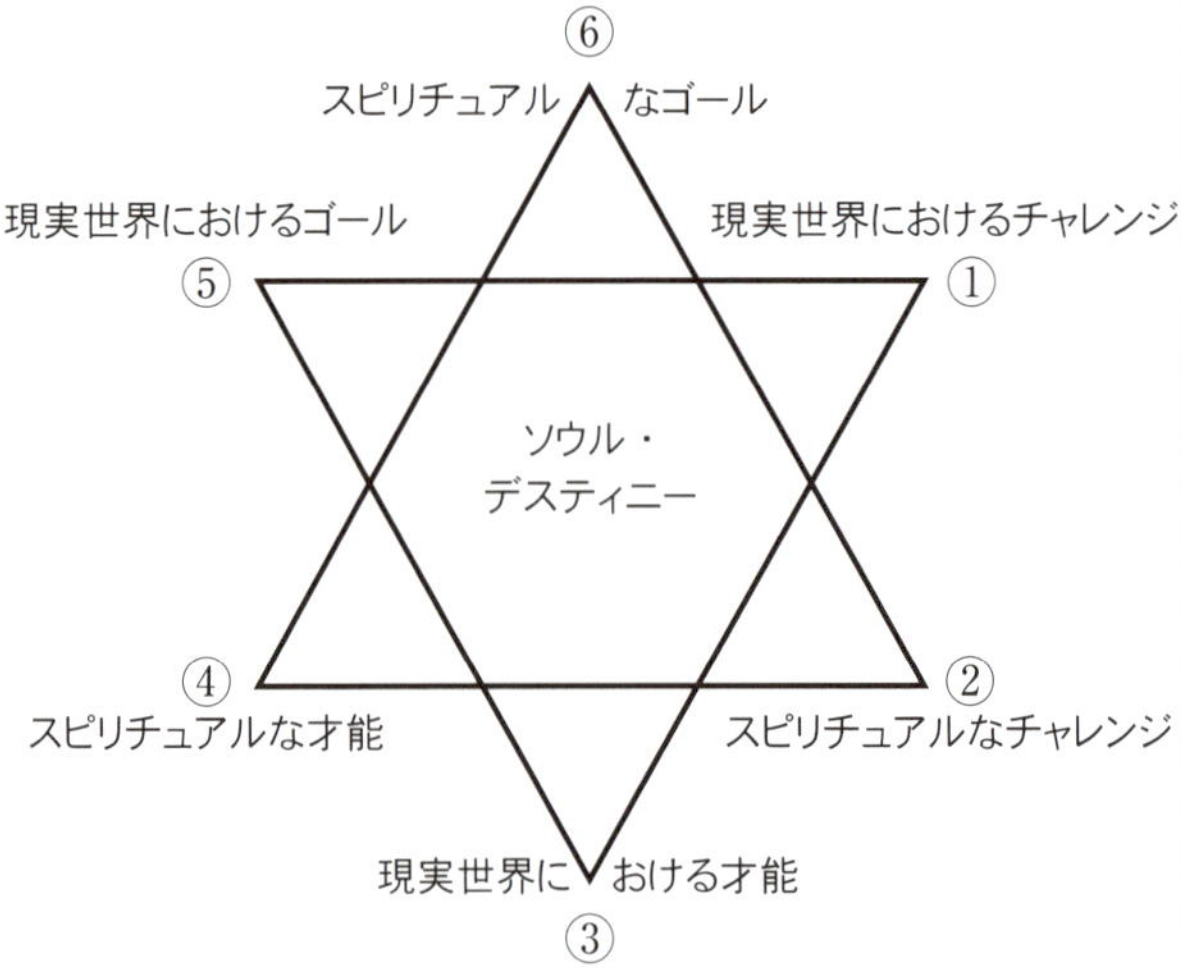

ソウル・デスティニー

シンボル

現実世界におけるチャレンジ	現実世界における才能	現実世界におけるゴール
スピリチュアルなチャレンジ	スピリチュアルな才能	スピリチュアルなゴール

ロング・ネーム（アルファベット10文字以上）用ソウルプラン・チャート

ふりがな お名前	

お名前：

数　値：

アルファベット対数表

A＝1、AH＝5 B＝2 C＝11、CH＝8 D＝4 E＝5 F＝17 G＝3 H＝5 I＝10	J＝10 K＝19 L＝12 M＝13（最後の場合は12） N＝14 O＝6 P＝17（最後の場合は12） Q＝19 R＝20	S＝15、SH＝21 T＝9、TA＝22、 TH＝22、TZ＝18 U＝6 V＝6 W＝6、WH＝16 X＝15 Y＝16 Z＝7

ソウル・デスティニーの計算　　　数値のペア

	第1パート	第2パート
現実世界におけるチャレンジ		
現実世界における才能		
現実世界におけるゴール		
スピリチュアルなチャレンジ		
スピリチュアルな才能		
スピリチュアルなゴール		
各項の合計		
各桁の合計		
ソウル・デスティニー		

※コピーしてご利用ください。

トライアングル

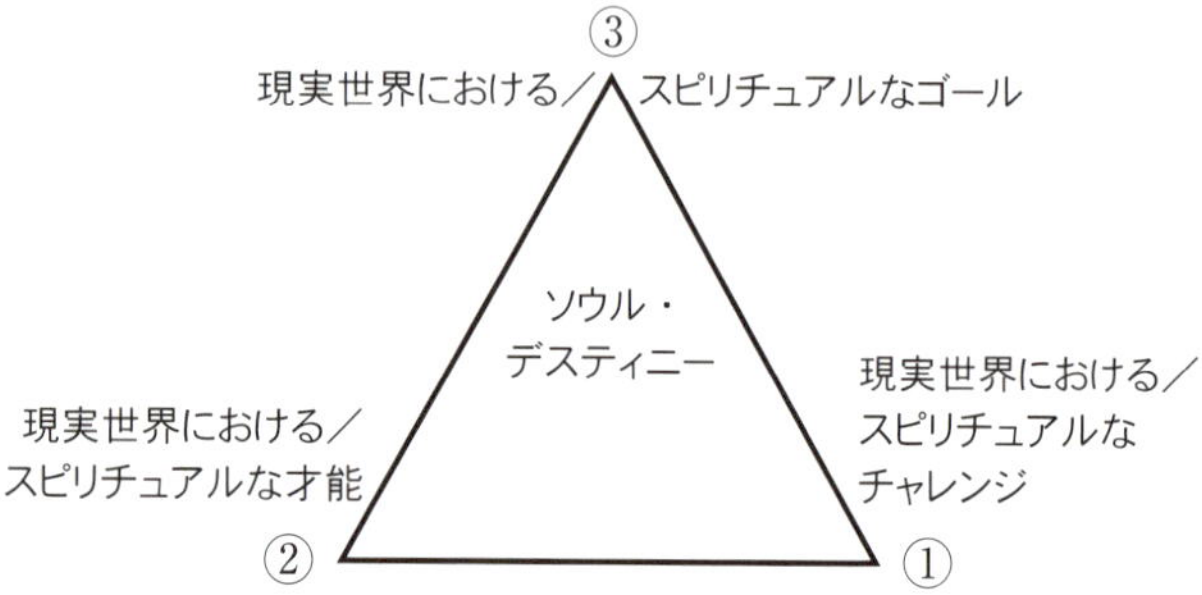

エネルギーのカテゴリー

ショート・ネームでは、エネルギーが該当する一般的カテゴリーを調べることも役に立ちます。肉体に現れている方向性を直観する手助けとなるでしょう。なお、15はスピリチュアルと創造的なカテゴリー、19は創造的と現実的なカテゴリーの両方に属しています。

スピリチュアルなカテゴリー：
1、5、7、9、10、13、14、15、18、21、22

創造的なカテゴリー：
2、3、6、12、15、19、20

現実的なカテゴリー：
4、8、11、16、17、19

ソウル・デスティニー	

現実世界における／スピリチュアルなチャレンジ		現実世界における／スピリチュアルな才能		現実世界における／スピリチュアルなゴール	

ショート・ネーム(アルファベット10文字未満)用ソウルプラン・チャート

ふりがな《》お名前	

お名前：

数　値：

アルファベット対数表

A＝1、AH＝5	J＝10	S＝15、SH＝21
B＝2	K＝19	T＝9、TA＝22、TH＝22、TZ＝18
C＝11、CH＝8	L＝12	U＝6
D＝4	M＝13(最後の場合は12)	V＝6
E＝5	N＝14	W＝6、WH＝16
F＝17	O＝6	X＝15
G＝3	P＝17(最後の場合は12)	Y＝16
H＝5	Q＝19	Z＝7
I＝10	R＝20	

ソウル・デスティニーの計算	数値のペア	
	第1パート	第2パート
現実世界における／スピリチュアルなチャレンジ		
現実世界における／スピリチュアルな才能		
現実世界における／スピリチュアルなゴール		
各項の合計		
各桁の合計		
ソウル・デスティニー		

ショート・ネームの特性

ショート・ネームでは、個々の文字のエネルギーが強く影響します。このエネルギーはポジティブにもネガティブにも働きます。環境や、ソウルプランがどれだけ機能しているか、活性化しているかによって影響の度合いは違います。

各数字とシンボルについて詳しく解説しています。より深い理解にお役立ていただければ幸いです。

資料編
数字のバイブレーションと
シンボルが意味すること

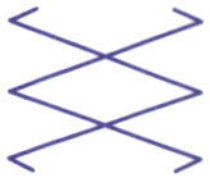

1(-1)

1(-1)統一と安定――高いヒーリングの周波数、連動する力

天体　冥王星

エレメント/四大元素　空気

身体/ゲート、器官　胸郭

気温/季節　温暖、春/秋

注釈

ダブル・ナンバーの1・1のペア、10・1のペアの1、19・1のペアの1に表れます。

シンボル

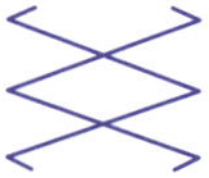

Aleph(アレフ)

א

ポジティブに機能する特質　安定性……統合……スピリチュアルなパワー……ヒーリング能力(大天使ミカエルの周波数)……教えることと演説の能力……変革/改革させる力がある……慈善家。

起こりうるチャレンジ　力の誤用・悪用……無慈悲……スピリット(精神・霊魂)の否定……強迫観念……強迫的欲求……認識できる分離……クラウン(頭頂部)のブロック(遮断・閉塞)。

チャートの位置における解釈

現実世界

チャレンジ　このポジションではまれ。パワーの誤用・悪用、人々をコントロールしたり、破壊的になりえる。

才能　表現とエネルギー・ヒーリングでのずば抜けた能力。

ゴール　教師、ティーチャーやヒーラーになること。

スピリチュアル世界

チャレンジ　このポジションではまれ。パワーの誤用・悪用、人々をコントロールしたり、破壊的になりえる。極端な分離意識。

才能　人や場所のエネルギーを変化・変容させる能力を伴う、すぐれたヒーリングの才能。

ゴール　変化させる力のあるヒーラー/スピリチュアル・ティーチャーになること。

ソウル・デスティニー　人々が統合を想起しそのすべてのソース(源・根源)に再びつながるための道を照らす灯光となること。そのメッセージは、すべては光でありすべては一つである。

制限をつくる自己信念　私は分離している……私は異質である……自分が大嫌い（自己嫌悪）……私は罰せられる……私は神に見捨てられている……私がある環境は私に適していない。

ソウル・メッセージ　分離は、分割不可能なワンネス（統合・調和）のなかに起こる錯覚的外観です。今ここ……は分離や行程、進行や連続するものが皆無であることの気づきです。シンプルに、あるがままなのです。

チャレンジを克服し、才能と目的を活性化する

推奨されるセラピー　エネルギー・ブロック、怒りのコントロール、常用癖・中毒のためのセラピー。

セルフヘルプの方法　瞑想や何かしらのスピリチュアルな実践、共同意識に関する本、一体化した存在を体現する人々とともに過ごす（サットサン：Satsung）。

推奨されるバッチのフラワー・レメディ　クラブアップル、パイン、バーベイン、ホリー、ウォルナット。

ヒーリングのアファーメーション　私は肉体的精神的存在として自身の最大限のパワーを発揮する一方で、他者の知恵を尊敬しその恩恵を受けています。私は自身の知恵とパワーにおいて、バランスを保ち安定しています。そのパワーを愛と奉仕をもってシェアし提供します。

1（-1）

2(-2)知恵とサポート——レジリエンス・弾力性(回復力/耐性)、二元性

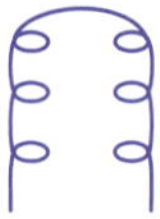

2(-2)

天体	月
身体/ゲート、器官	右目
方向	高み(高さ)
極性	知恵/愚かさ

注釈

ダブル・ナンバーの2-2のペア、11-2のペアの2、20-2のペアの2に表れます。

シンボル

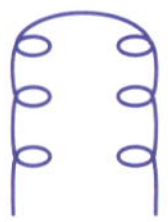

Bet(ベット)

ב

ポジティブに機能する特質 タフで跳ね返す弾力性がある(回復力)……客観的視点と知恵……強い共感、感情移入……愛情あふれる……思いやりのある……状況をより広い視野で見る能力……男性的エネルギーと女性的エネルギーの融合における二元性。

起こりうるチャレンジ 知恵と豊かさにおける教訓・チャレンジ……過敏……不安定……意欲の欠如……自信喪失……アレルギーの傾向……女性的エネルギーの不均衡。

チャートの位置における解釈

現実世界

チャレンジ 感情のレジリエンス・弾力性の欠如、過敏(症)、学習困難の可能性、高所恐怖症の可能性。

才能 非常に賢明で柔軟性、レジリエンス・弾力性があり、物事を広くあらゆる見方で観察することができる。人生におけるショックを受け入れる強さがあり、失敗から学ぶことができる。

ゴール 日常生活について、レジリエンス、弾力性や右記のすべてのことを学ぶ。これらの性質を要する職業につなげることもできるかもしれない(例:弁護士、ソーシャル・ワーカー、カウンセラーなど)。

スピリチュアル世界

チャレンジ 頑固で厳格、情緒的弾力性の欠如。

才能 もっとも高いレベルの直観カウンセラー。

ゴール 情緒的に打たれ強くなること、経験によって得た知恵をもって他者に助言すること。

ソウル・デスティニー 知恵のクオリティを体現する、また感情のバランスをとり抑制することを学ぶ。とてつもないレジリエンス・弾力性を認識し、生命のサイクルと一体化すること。賢明で愛情深い直観カウンセラーのアーキタイプ(元型)と同化する。

2(-2)

制限をつくる自己信念　私は攻撃されている……誰もが皆批判的だ……私は困難に対処できない……誰かに道を示してほしい……私自身が間違った存在だ……人生は抵抗できない圧倒的なものだ……私にはとうてい理解しえないだろう。

ソウル・メッセージ　この夢を見たことであなたは二元性の世界に入りました……あなたが自分自身ととらえている自分と、本来のあなたとのあいだにある見せかけの二重性です。これは神性の愚かさ……分離の幻想です。私たちがプレイしているゲームなのです。しかし実際には分離などありません。真のあなたは真の私であり、私たちは本当にすべてであると同時に無なのです。ですから、あなたが見るものすべて、知覚するものすべては、真のあなたにほかならないのです……これは家路の途上であなたが統合できる知恵です。

チャレンジを克服し、才能と目的を活性化する

推奨されるセラピー　カウンセリング、ホメオパシー、バッチ・フラワー・レメディ、サウンド・ヒーリング／クリスタル・ヒーリング／エネルギー・ヒーリングなど身体に触れずに行うヒーリング、チャクラのバランスを整える、催眠療法やエネルギー心理学などを通しての脱感作テクニック（過敏性を減らす訓練）。　例：EFT（感情解放テクニック）、マトリックス・リインプリンティング、TAT。

セルフヘルプの方法　オブジェクティブ・オブザーバー（自己の客観的観察者）やオークツリー（樫の木）瞑想で、弾力性を鍛える。ソフトな武術（例：太極拳）。

推奨されるバッチのフラワー・レメディ　オーク、ゲンチアナ、サクレランサス、セントーリー、ミムラス、バーベイン。

ヒーリングのアファーメーション　私は完全に安全で、完全に守られています。私の本質の奥深くには内なる調和があります。ハートの奥深くには培われた知恵が存在します。

3（-3）表現とコミュニケーション——知識の深遠さ

天体　火星	**身体／ゲート、器官**　右耳
方向　深み（深さ）	**極性**　富と貧困

注釈

ダブル・ナンバーの3・3のペア、12・3のペアの3、21・3のペアの3に表れます。

シンボル

Gimmel（ギメール）

ポジティブに機能する特質　表現力豊か……素晴らしいコミュニケーター……教えるバイブレーション……クリエイティブ……リーダー……直観的……深い知識と、感情、慈善家のエネルギー。

起こりうるチャレンジ　富と貧困のレッスン……自尊心の問題……自信の欠如……隠すこと……どん底で喪失感を味わう……うぬぼれが強くエゴイスティック……人のいうことを聞かない……攻撃的……性的不安定。

チャートの位置における解釈

現実世界

チャレンジ　教えたり、コミュニケーションをとる／表現するために殻を破り自信をつけること。貧困の問題。性的不安定／ブロック。潜在的に暴力的な傾向。

才能　表現することに卓越した才能。シェアする必要性。素晴らしいティーチャーやリーダーに向いている。

ゴール　自分の表現に自信をもつことを学ぶ。自尊心を得ることに強く結びついた富や安心を蓄積すること。セクシャリティーのバランスをとること。

スピリチュアル世界

チャレンジ　現実世界と同様、それとともにスピリチュアルな才能とつながりの豊かさにかかわることができる自信をつけること。自尊心の問題が立ちはだかるかもしれない。

才能　パワフルで興味を引きつけるスピリチュアル・ティーチャー。

ゴール　パワフルで興味を引きつけるスピリチュアル・ティーチャーになること。性的問題のバランスをとること。

ソウル・デスティニー　純粋な表現の、そしてもっとも深遠なレベルの伝達者になること。

制限をつくる自己信念　お金は悪である……私は役に立たない人間だ……皆が私を批判する……私は価値のない人間だ……私は攻撃されている……私は監視されている……私は不相応だ。

ソウル・メッセージ　あなたは与えそして享受するでしょう。もっとも純粋な表現は自分自身を分かちあうこと。統合された本質は分かちあう愛のなかでみつけられるものです。あらゆる瞬間に存在し、その喜びを表現している招待に耳を傾けましょう。これが具現化された深いシェア（共有）です。

チャレンジを克服し、才能と目的を活性化する

推奨されるセラピー　ライフ・コーチング、サウンド・ヒーリング、サイキック・アート・セラピー、喉のチャクラのブロックを取り除く、ステージ・フライト（あがり症）催眠療法、CIT。

セルフヘルプの方法　歌、執筆、ダンス、演技クラス、知識や教えをシェアする機会となるボランティア活動。

推奨されるバッチのフラワー・レメディ　インパチェンス、ラーチ、ホリー、ウォルナット。

ヒーリングのアファーメーション　私のコミュニケーションのチャンネル（伝達経路）は開かれています。私は愛と真実を表現します。

3(-3)

4(-4)豊穣と豊かさ——再生・複製のエネルギー

4(-4)

シンボル

Dalet(ダレット)

ד

天体 太陽

身体/ゲート、器官 右鼻孔

方向 東

極性 肥沃/不毛

注釈

ダブル・ナンバーの4・4のペア、13・4のペアの4、22・4のペアの4に表れます。

ポジティブに機能する特質 非常にポジティブ……明るい……非常に知的……豊かな……寛大……受けとった情報を正確に再現できる……サイキックな嗅覚。

起こりうるチャレンジ 波乱万丈……自信の欠如……猜疑心……孤立……見捨てられるというシナリオ……自己陶酔/自己中心的……富と豊穣の問題。

チャートの位置における解釈

現実世界

チャレンジ 自信の欠如、疑い深い、放棄と背信の問題、他人のために無条件に存在することを学ぶ。

才能 素晴らしい成功者となる資質、非常にポジティブ。事実/数字に長けている。アイデアを再現し、人にシェアすることが得意。

ゴール 成功し豊かさの法則と同調するためのソウル・レベルでのさらなる誘因。

スピリチュアル世界

チャレンジ 豊かさの流れと、孤独や孤立をつくりだす放棄の感覚を学ぶ。

才能 現実世界と同様、さらにスピリチュアルな本質の存在となることを教える。

ゴール 自分の目的すべてをソウル・レベルで達成し、豊かさの流れに同調し、それを人々にシェアし教える。

ソウル・デスティニー 永久無限の光を放ち、分かちあいながら、この世界で達成すべく自分が着手したことすべてを達成する。ソウル・レベルからのさらなる後押しによって根幹的豊かさにつながる。

制限をつくる自己信念　私は価値のない人間だ……私は子孫繁栄できない……私は妨害されている……私は孤独だ、見捨てられている……私は拒絶されている……他人は信頼できない。

ソウル・メッセージ　見た目は変わってもすべてはそのまま。真の豊かさとは、人生に満足している状態の人のことをいうのです。感謝の念こそがツールです。無限の愛と無限の豊かさは、あなたが生まれながらにもっている権利です。あなたがすべてのものと一つになっているとき、すべてがあなたのものです。

チャレンジを克服し、才能と目的を活性化する

推奨されるセラピー　カウンセリング、裏切り・背信を許すワーク、ボンディング、自己受容のための催眠、直観的統一性（イントゥイティブ・コヒーレンス）、具現化のワーク。

セルフヘルプの方法　カルマ・ヨガ、瞑想、自己尊重・豊かさ・具現化に関する本、画期的な学びのテクニックを探求する。

推奨されるバッチのフラワー・レメディ　セラトー、ラーチ、ミムラス、スイートチェスナット、ウォーターバイオレット、チコリ。

ヒーリングのアファーメーション　無限の愛と豊かさが私をとり巻いています。私の心の奥深くには感謝と純粋で永遠の愛があります。

4(-4)

5(-5)スピリットと自由——思考、スピーチ、行動

天体　おひつじ座

身体／ゲート、器官　右足

資質　対話、スピーチ

注釈

ダブル・ナンバー5-5のペア、14-5のペアの5に表れます。

シンボル

Heh（ヘー）

ה

5(-5)

ポジティブに機能する特質　先駆的……スピリチュアル的に心を開いている……直観的……非常に明瞭な表現力……洞察力がある……クリエイティブ。

起こりうるチャレンジ　過敏……フワフワ／地に足がついていない……適応が困難……人を操る（直観の誤用・悪用）……虐待の被害者……右足の問題（前進）。

チャートの位置における解釈

現実世界

チャレンジ　神経過敏、地に足がついていない、臆病で自信のない、主流派に適応することができない……直観能力の誤用・悪用。

才能　先駆的、度胸がある、積極的で主張できる、明瞭な表現力。

ゴール　優れた直観能力と、教えるためのスピーチの才能を使い、生来の素晴らしい声でコミュニケーションをとる、あるいは教える役割を担う。

スピリチュアル世界

チャレンジ　実体のないものに取り組む意欲と強さに欠ける。見たり感じたりできない物事に対して、自分のある部分がそれを閉めだしてしまう。

才能　スピリチュアルなことに実際につながり、ソウルの知恵をチャネリングする。素晴らしい知識とエネルギーにアクセスする。

ゴール　もっとも高いレベルで、ティーチャーにとってのスピリチュアル・ティーチャーになる。

ソウル・デスティニー　声による表現に関する生来の能力を発展させ、チャネリングとティーチングを通してソウルにつながること。

制限をつくる自己信念　私はなじめない……物事を率直に言うべきではない……世界は重苦しく圧倒的だ……本心は隠しておくべきだ……順応しなければならない……見たり／聞いたり／触れたりできないものは現実ではない。

ソウル・メッセージ　あなたを束縛しているものを手放しましょう。抑制や規律に束縛された月日は終わりました。体現する秘訣はあなた自身のものです。静寂のなかにある動きを感じましょう。内側で何かが動きだします。それがすべての物事に生命を吹き込む生命力なのです。全身を流れ、肉体に発現する兆候と同化することで、スピリットを解放します……するとあなたのスピリットは形をもち、あなたは純真無垢な愛される存在となります。自由、可能性、喜びは探求されるべくここにあります……あなたは永遠に愛されるのです。

チャレンジを克服し、才能と目的を活性化する

推奨されるセラピー　ライフ・コーチング、催眠療法、サイキック・アート、アサーション（自己表現）の訓練、エネルギー心理学、リレーションシップ・コード・バランシング（人間関係の調和のバランスをとる）。

セルフヘルプの方法　太極拳、ヨガ、瞑想（自然）、アサーション（自己表現）の訓練、スペース・クリアリング、演説・話術／演技のコース、アドベンチャー・トレーニング。

推奨されるバッチのフラワー・レメディ　クレマチス、ラーチ、ミムラス、アスペン、ホーンビーム。

ヒーリングのアファーメーション　私はいま、前へ進み、思考・スピーチ・行動を通して私のスピリットを表現します。

5(-5)

6（-6）思考と創造性

天体　おうし座

身体／ゲート、器官　右腎

資質　思考

注釈　ダブル・ナンバーの6-6のペア、15-6のペアの6に表れます。

シンボル

Vav（ヴァヴ）

ו

ポジティブに機能する特質　非常にクリエイティブ・芸術的にもビジネスでも……想像力のある……包容力のある……順応性がある……並はずれた集中力……真実を選別し見極める能力。

起こりうるチャレンジ　強情……頑固……力（パワー・権力）についての強迫観念……フラストレーション……孤立……怒りの問題……働きすぎ／ストレス……焦点が合っていない……散漫な……燃え尽きる危険性。

チャートの位置における解釈

現実世界

チャレンジ　表現の厳格さ、怒り／フラストレーション。保証を要する、リスクをとることをひどく嫌う。あれこれ考えすぎてストレスを抱えたり燃え尽きる・消耗する。

才能　一〇〇%クリエイティブ。アイデアをとことん追求し成し遂げる並はずれた集中力。非常に実践的。

ゴール　実際にクリエイティブになること。ソウルがそうなるように後押しするので選択の余地はない。

スピリチュアル世界

チャレンジ　現実世界同様だが、実体のない（目に見えない、触れられない）物事に取り組むのでさらに困難となる。

才能　一〇〇%クリエイティブ——ひとたびそこに心を向けると、並はずれた集中力で最後までやり通す。多量の光をもち、精神的におおらかで開放的。

ゴール　実際にクリエイティブになること——ソウルがそうなるように後押しするので選択の余地はない。

ソウル・デスティニー　自分が人生のあらゆる面で完全にクリエイティブになれるところから、内なる調和がとれている場所へ到達する。指導者であることを自覚すること——世界に光を放ち調和を示す。

6（-6）

制限をつくる自己信念　私の創造力はブロックされている……他人が私を妨害している……やることがありすぎる……力不足だ……答えをみつけなければならない……八方ふさがりだ……行き詰まっている。

ソウル・メッセージ　人生はゲームです。時には迷宮のように思えることもあります。しかし、いかなる方向にも愛は常に存在するのです。愛、強さ、しなやかさと豊かさはあなたのものです。輝く光は唯一であり同一で、あなたの内側にも外側にも常にあなたとともにあります。もはや孤独ではありません。あなたは人間の姿形をした共同創造主ですが、実は光り輝く創造的な光と一体なのです。

チャレンジを克服し、才能と目的を活性化する

推奨されるセラピー　ライフ・コーチング、カウンセリング、アンガー・マネジメント（怒りの管理）、EFT（感情解放テクニック）、催眠療法、前頭骨と後頭骨を押さえる（ヒーリング）。

セルフヘルプの方法　一つのことに集中しそれに心を留めることを学ぶ、アンガー・マネジメント（怒りの管理）、集中力を必要としそれを高められるレクリエーションや趣味（例：チェス、瞑想など）。

推奨されるバッチのフラワー・レメディ　ホリー、バイン、スクレランサス、チェリープラム。

ヒーリングのアファーメーション　私が、自分のソウルによって照らされた一つの目的に関する思考にフォーカスすると、宇宙の創造性が私のなかを流れます。

6（-6）

7(-7)

7(-7)統合――結束、魅力(磁気的な惹きつける力)、行動

天体　ふたご座

身体／ゲート、器官　左足

資質　行動

注釈　ダブル・ナンバーの7・7のペア、16・7のペアの7に表れます。

シンボル

Zayin(ザイン)

ז

ポジティブに機能する特質　魅力的……興味を引きつける……論理的……隠しだてのない……感情・気持ちをはっきりと表現する……多才で順応性がある……優れたネットワーカー。

起こりうるチャレンジ　引きこもりがち……関与しない……疑い深い……支配的……優柔不断……統合されていない……実体のないもの(影の部分)の否定……空想にふけりがち……左足の問題(人生に深くかかわることへの抵抗)。

チャートの位置における解釈

現実世界

チャレンジ　孤独の問題と、コミュニケーションについての能力あるいは欲求。影の側面の否定、たくさんの幻想。支配的になり、共有することに問題がある可能性。

才能　周りの人のエネルギーを強くする触媒的なエネルギー。非常に開放的で友好的。人に好まれネットワークづくりに長けている。

ゴール　魅力のあるエネルギーをつかって隠れずに表へ出て社交的になり、ネットワークをつくり、他人とつながること。

スピリチュアル世界

チャレンジ　現実世界同様で、スピリチュアルな世界についての幻想・幻影・錯覚を伴う可能性がある。

才能　スピリチュアルなグループ・団体を支援したり活動を促進し、人々を引き入れることができる。

ゴール　ハートを開いてスピリチュアルなグループやコミュニティをつくることで、生来の人の興味を引きつける性質を統合し、そこにアクセスする。

ソウル・デスティニー　気の合う人が集まり、人々が統合するのを手助けするような天職をみつけること。絆、つながり、コミュニティをつくるグループで働く。心を開くこと、信頼に足る人になることを学ぶこと、人を惹きつけるバイブレーションが生じる。

7（-7）

制限をつくる自己信念　表に出せるのは一番よい面だけだ……私は審査・判定されている……私は罠にかけられている……私は攻撃にさらされている……状況をコントロールしなければならない……私は～のふりをしなくてはならない。

ソウル・メッセージ　一つになっていらっしゃい。心を開き、出会う人すべてを中心人物のいない神殿に連れてきてください。皆をあなたの一部として受け入れましょう。すると、あなたが世界へと足を踏み入れるにつれ、あなたの統合されたハートのなかにある愛と魅力が、聞く人すべてを引きこむでしょう。人々は同じソース（源）の断片として団結し一体となるでしょう。あなたと、そして自分の内なる自分自身（セルフ）と統合します……。

チャレンジを克服し、才能と目的を活性化する

推奨されるセラピー　心理療法、カウンセリング、ボイス・ダイアログ、パーツ・ワーク、ゲシュタルト、ライフ・コーチング。

セルフヘルプの方法　ディサイシブ・メソッド、心を開く瞑想、ヨガや肉体的硬直・制限を解放する自然発生的なダンス表現、ライフ・コーチングに関する文献、自分の恐れや〝影〟の部分を直視する。

推奨されるバッチのフラワー・レメディ　ウォーターバイオレット、ロックウォーター、アグリモニー、ラーチ、ミムラス。

ヒーリングのアファーメーション　私が信頼することを学べば、心が開きます。私が心を開けば、信頼することを学べます。

8（-8）地球——感情と社会

8（-8）

天体　かに座

身体／ゲート、器官　右手

資質　視覚

注釈　ダブル・ナンバーの8-8のペア、17-8のペアの8に表れます。

シンボル

Chet（ヘット）

ח

ポジティブに機能する特質　社会への適応性……感情的知性……感受性が鋭い……人材の育成……地に足がついている……透視能力者（人の本心などを見抜く）。

起こりうるチャレンジ　非常に地に足がついていない……頭から抜けだせない……ここに在ることへの抵抗……現実逃避……過度に分析的……コミットすることを恐れる……手放すこと。

チャートの位置における解釈

現実世界

チャレンジ　ここに在ることを強く嫌悪する、非常に敏感なソウル。感情のバランスの欠如が深刻な情緒不安定につながる可能性。

才能　自分が望むどんな方法でも社会に適応できる。

ゴール　成功する多大な可能性を秘めている。現実世界・現世での自分の達成の価値を認めること。

スピリチュアル世界

チャレンジ　スピリチュアルな本質に気づくことだが、面倒になる。人生にかかわり、前進することに対する抵抗。感情の主体をグラウンディングさせる必要がある。

才能　深い洞察力／鋭い透視能力。さまざまなエネルギーに順応できるカメレオンのような能力。スピリチュアルな能力とエネルギーを社会で活用できる、生来の潜在能力と素質。

ゴール　スピリチュアルな天性の才能を社会に活かすため、8-8の才能を伸ばすこと。

ソウル・デスティニー　生まれもったスピリチュアルな才能を社会において奉仕のためにつかうこと。世俗にスピリチュアル的意味をもたらすコアのエネルギー。存在と行動。

8（-8）

制限をつくる自己信念 私はここにいるべきではない……私は体のなかに閉じこめられている……感情が私を追いつめる／圧倒する／殺す……私の一部は死んでしまっている……肉体を拒絶しなくてはいけない……地球は適していない。

ソウル・メッセージ あなたが自然界との深い共鳴に同調する選択をすると、あなたのより深いヴィジョンが活性化され、ベールの向こう側を見通せるようになります。……意識的であれ無意識的であれ、あなたはこの自然界と密接な関係があります。束縛することも解放することもあるその自然の力を、あなたは利用できるのです。それが奉仕の精神と調和されれば、そのつながりによって解放され、真の超越とはあらゆることを包括しているということが明らかになるでしょう。通常の平凡なことも、非日常的な特異なことも、肉体的なこともスピリチュアルなことも、地球も物体・人体も、知覚されるものすべて、そしてそのもの自体が完全に包含されているのです。

チャレンジを克服し、才能と目的を活性化する

推奨されるセラピー カウンセリング、心理療法、チャクラ・ワーク、リレーションシップ・コード・バランシング（人間関係の調和バランスを学ぶ）、ヒーリング、エネルギー心理学（例：バウンダリー・タッピング）。

セルフヘルプの方法 グラウンディングを重視する実践——気功、自然とつながる／ヨガの体系／瞑想、スペース・クリアリング、ベイツ——目のためのヨガ。

推奨されるバッチのフラワー・レメディ ゴース、スイートチェスナット、クレマチス、ハニーサックル、ロックウォーター、スターオブベツレヘム、スクレランサス。

ヒーリングのアファメーション 私は、この体を統合し受け入れながら、生きる喜びを感じます。

9（-9）パワー――調停（平和をつくる）と保護

9（-9）

天体	しし座
身体／ゲート、器官	左腎
資質	聴覚

注釈

ダブル・ナンバーの9・9のペア、18・9のペアの9に表れます。

シンボル

Tet（テット／テス）

ט

ポジティブに機能する特質　強さ……安定……自分を信じる……興味を引きつける……保護されている……伝達する（チャネル）……ヒーラー……整然としている……霊的聴覚能力者（クレアオーディエンス）。

起こりうるチャレンジ　無力化……疑い深い……スピリチュアルなこととの断絶……パワーの遮断……パワーの誤用・悪用……支配的……自身のチャネルを信じない……犠牲者心理……非常に大袈裟……腎臓の問題――自身にとって何が真実か、自分で見極められない。

チャートの位置における解釈

現実世界

チャレンジ　自分の最大限の力と直観力を主張したり表に出すこと、あるいはパワーの誤用・悪用に抵抗がある。

才能　まとめ役／安定性。人を引きつけるエネルギーがチャートの他の部分を強化する。

ゴール　自分の力を完全に表し調和させる。

スピリチュアル世界

チャレンジ　自分のスピリチュアルな力を主張したり表に出すこと、あるいはスピリチュアル・パワーの誤用・悪用に抵抗がある。

才能　スピリチュアルな面に恵まれ守られている。優れたチャネラーでありヒーラーでもある。まとめ役／安定性。自分が奉仕することが、奉仕されることにつながる。人を引きつけるエネルギーがチャートの他の部分を強化する。

ゴール　自分のスピリチュアルな力を完全に表し調和させる。

ソウル・デスティニー　ソウルの完全なる力と庇護を認識し、高次の真実のチャネラーとして完全なるソウルの意識となる。統一された意識のなかへ入り、そこにある神性を愛と安定として表現する。チャネラーとしてさらに高いレベルの真実の方向へと人々を導くだろう。

制限をつくる自己信念　私には力なんてない……ほかの人たちが答えをもっている……自分自身を信じることができない……自分が生きていると感じられる劇的なことが必要だ……人々が私を捕まえようとしている……自分が大嫌い……気づいてもらうためにはトラブルを起こす必要がある。

ソウル・メッセージ　人に奉仕することは、自分が奉仕されることになるのです。いま、あなたには力があり、守られ愛されています。自分のつながりを信じてください。きっとあなたを本来のホームに連れていってくれるでしょう。あなたはいま、あなたを創造した力と一体になっているのです。最高の真実を表現してください。あなたは自分の本質の権化なのです。

チャレンジを克服し、才能と目的を活性化する

推奨されるセラピー　カウンセリング、ヒーリング、アンガー・マネジメント（怒りの管理）、チャクラのバランスを整え浄化する。

セルフヘルプの方法　スピリチュアルな実践――マーシャル・アーツ（武術）、気功、瞑想、ヨガなど。葛藤を解決するトレーニングとアサーション（自己表現）の訓練に関する文献。

推奨されるバッチのフラワー・レメディ　ウォルナット、パイン、スターオブベツレヘム、チコリ、チェスナットバット、ホリー、ミムラス、ラーチ。

ヒーリングのアファーメーション　私は肉体と精神をあわせもつ存在として、自分の完全な力を主張しつつ、ほかの人々の知恵を尊重し、その恩恵を受けます。私は自分がもつ知恵とパワーのなかで調和し安定した状態です。私の愛と奉仕のパワーを分かちあい、捧げます。

9（-9）

10（-1）具現化の潜在能力――奉仕の手を差し伸べる

10（-1）

天体 おとめ座

身体／ゲート、器官 左手

資質 仕事

注釈
コンビネーション・ナンバーで10・1のペア。

シンボル

Yod（ヨッド）

י

ポジティブに機能する特質 高い振動数……男性性／女性性の陰陽バランス……優れたヒーラー……パワー……独創的……声の表現……多才なスピリチュアルな能力……伝達する（チャネル）……奉仕を具現化する潜在能力。

起こりうるチャレンジ スピリチュアリティの否定……非常に批判的な……自己嫌悪……完全主義者……孤立……不安定……スピリチュアルな世界で自己を確立するために努力する必要がある。

チャートの位置における解釈

現実世界

チャレンジ 現実的なことに適応するのが困難。自分のスピリチュアリティを否定し、スピリチュアルな進化をブロックするかもしれない。男性性／女性性のバランスに問題がある。自分にも他人にも批判的。

才能 根幹のバランスがとれていて安定的で、神性へダイレクトにつながっている。これは単なる現実世界の才能とはいえないが、適切に受けとることは、直接に手助けしなければならない。非常に直観的でスピリチュアルな能力があり、生まれながらのヒーラー。

ゴール 本質的に現実世界での目的はない――キャリアの選択が難しいだろう。究極のゴールはスピリチュアルなこと――社会への奉仕。パワフルな力（フォース）とソウルが、何かしらのかたちで目的を達成させる。

スピリチュアル世界

チャレンジ それほど激しいチャレンジではないだろう。もしそうであるなら選択の余地はないが、それを克服するには十分なスピリチュアルな才能が必要。今生あるいは過去生において深刻なパワハラや虐待・いじめがあるかもしれない。

才能 現実世界と類似――スピリチュアルな分野でも多大な潜在能力があり優れたヒーラー。ソウル、中心、アクセスする力、安定性と完全につながる能力。

ゴール 自分自身を徹底的に理解し、完全にソウルの意識状態になること。

ソウル・デスティニー 今生で自身を徹底的に理解し、完全にソウルの意識状態になること。

10(-1)

制限をつくる自己信念　私は分離している……私は異質である……私は神聖なるものから見捨てられている……パーフェクトでなければならない……自分が大嫌いだ……私は欠点がある……ほかの人々は欠点がある。

ソウル・メッセージ　存在するのはすべて……愛。存在するのはすべて……いま存在するのはすべて……無限の美しさ。存在するのはすべて……光です。このパワーと深く、確実に、しっかり一つになれば、あなたは明白な現実とともに穏やかに流れていきます。このすべてのなかに避難してください……ほかに道はありません。明白な選択のすべては、この一部でもあったのです……。明白な選択のすべては、あなたの一部でもあるのです。

チャレンジを克服し、才能と目的を活性化する

推奨されるセラピー　スピリチュアル・カウンセリング、エネルギー・ヒーリング、チャクラと男性性／女性性のバランスを整える、ＮＬＰ、催眠療法、バウ・ブレーキング（過去生の誓いを解き放つ）、スピリチュアルな気づきのテクニック。

セルフヘルプの方法　人々を助けるボランティア、慈悲のための瞑想（例：仏教）、瞑想を通して〝つながる〟実践、ヒーリングの実践、自然につながる、など。奉仕に携わっている人々をインスパイアするスピリチュアルな文献・本。

推奨されるバッチのフラワー・レメディ　ビーチ、パイン、ウォルナット、ワイルドオート。

ヒーリングのアファーメーション　私は神聖なるもの、自分のハイヤー・セルフ、ソースの無限の知恵と完全につながっています。私は存在を現す神性のきらめきであり、唯一なるものと一つになっています。私は……（あるがままの）私です。

11（-2）融合——構造と調和

天体	金星
方向	西
身体/ゲート、器官	左目
極性	生/死

注釈

コンビネーション・ナンバーで11・2のペア。

シンボル

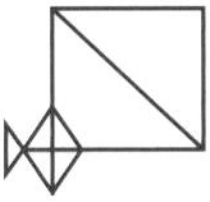

Kaf（カフ）

ポジティブに機能する特質　非常に知的……論理的/分析的マインド……適応性……協力的……拡大する人、哲学者……感情的弾力性……概念を融合する……真実を見極める。

起こりうるチャレンジ　喪失に対処する……目的を避ける……失敗に対する恐れ……レジリエンス・弾力性の欠如……著しい気分の浮き沈み（憂うつ）……他への依存……学習困難。

チャートの位置における解釈

現実世界

チャレンジ　失敗に対応する構えや弾力性が不足しており、達成に対して消極的。途方に暮れてしまったり、学習困難の可能性がある。自身のソウルの真理があるため標準的・平均的な物事に同調しない。気分に波があるかもしれない。

才能　優れた知性。システム（組織、体制、体系）に同化し理解する能力。失敗を受け入れ、自律的に学び拡大する能力。

ゴール　プロジェクト、発明、または具体的な仕組み・体制などを通して、人々の生活に影響を与えつづけるような貢献をすること。

スピリチュアル世界

チャレンジ　他人や物事に頼りがち、気分の浮き沈みの傾向がある——双極性障害の可能性。

才能　体系や哲学を学び、それをさらに普遍的な真実とともに表現したりチャネルする潜在能力。

ゴール　高いレベルの真理のティーチャーやチャネラーになる、そして他の局面を創造し引き寄せること。既存のヒーリング・システムに新しいこと/発展をもたらすことができる。

ソウル・デスティニー　自分の人生における弾力性と骨組みを獲得すること。地球と社会において物事がどのように作用するのか理解すると同時に、スピリチュアルな考え方の理解/知恵を増やすこと。人生の出来事を高いレベルで受容することを行動で示すこと。高いレベルの真理を表現し、自分が触れる命に対して元気と安らぎのオーラを放つこと。

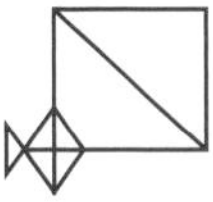

11（-2）

制限をつくる自己信念　私は途方に暮れている……私が成長できるようにあなたの助けが必要だ……私はそれを絶対に得ることはない……私は落伍者だ……成功が私を殺す……私は大失敗をするだろう……私は準備ができていない。

ソウル・メッセージ　無限の世界と無限のバイブレーション。思考のなかにあることは、なんらかのレベルで出現します。しかし知覚されたことはすべて、知覚することのほんの一部なのです。

チャレンジを克服し、才能と目的を活性化する

推奨されるセラピー　カウンセリング、心理療法、コードのバランスを整える、バウンダリー・タッピング。

セルフヘルプの方法　目のエクササイズ（ヨガ）、ベイツ・アイ・メソッド、瞑想（例：仏教）と道教についての文献。

推奨されるバッチのフラワー・レメディ　スターオブベツレヘム、ゲンチアナ、ホーンビーム、スクレランサス、セラトー。

ヒーリングのアファーメーション　私は完全にサポートされています。そして私は成功できます。私のソウルがただ自由（解放）のみを知っているからです。

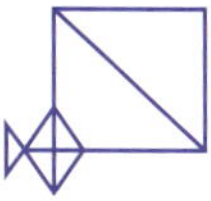

11(-2)

12（-3）愛と知識――拡大と表現

シンボル

Lamed（ラメド）

ל

天体　てんびん座

身体／ゲート、器官　胆嚢

資質　男女の調和・交わり（セクシャリティ）

注釈

コンビネーション・ナンバーで12-3のペア。

12(-3)

ポジティブに機能する特質　学びに対する強い願望……分かちあう大きな愛……母なるエネルギー……あらゆる物事のなかに美しさを見いだす……調和のとれた……ロマンティック……成功した。

起こりうるチャレンジ　失敗を恐れる……狂信的……過剰な、極端な……偏ったアプローチ……自尊心の欠如……劣等生……不安定……承認を求める……性的混乱……心痛／胆嚢の問題。

チャートの位置における解釈

現実世界

チャレンジ　失敗／成績不振に対する恐れ、極端なあるいは強迫観念的傾向／自尊心の問題を克服する、肉体的なこととスピリチュアルなこととのバランスを整える。

才能　愛と知識を得て拡大しシェアする能力と願望、それを発展させる。このバランスを保たなくてはならない。育てることが大好き。

ゴール　知識を蓄積すること。あらゆるタイプの学びを網羅することができます。学ぶ、教える、研究する、子供と一緒に働くといった分野に向いている。狂信的行為・熱狂することには警戒が必要。性的エネルギーのバランスをとること。

スピリチュアル世界

チャレンジ　現実世界同様。肉体的なこととスピリチュアルなこととのバランスをとり、自分の能力を評価し活用することが、人生が進むにつれ、より重要になる。

才能　愛とスピリチュアルな知識を得て拡大しシェアする能力と願望。狂信的行為・熱狂することには警戒が必要。文筆業、教師、知識に関するコミュニケーターなど、人を力づける分野などで成功する。

ゴール　愛とスピリチュアルな知識を拡大しシェアすること。性的エネルギーのバランスをとり、性的結びつきの神聖な面を発見する。

ソウル・デスティニー　知識と愛を世界で分かちあい、ほかの人々の美しさを見いだすキャパシティを広げること。拡大する無限の誘因がある。より深いソウルの真理を伴うあなたの意識的気づきを発見し、調和・融合するという願望を抱くこと。物事を終わらせる必要性。

制限をつくる自己信念　時間が足りない……私は自分自身の成功を恐れている……私はあなたの愛が必要だ……あなたの承認が必要だ……私は判断（ジャッジ）されている……私は落伍者だ……私はコンプリートしなければならない。

ソウル・メッセージ　それぞれの瞬間が比類ないものです。知識を求める喜びは子供の好奇心に見られます。それぞれの瞬間が唯一無二であり、新鮮で、新しいものです。変化は人生の基礎として認識されます。不満によって駆り立てられ振り回されていれば、旅はずっと続きます。恋人との間柄のように人生にかかわれば、そこには始まりも終わりもありません。

チャレンジを克服し、才能と目的を活性化する

推奨されるセラピー　感情のカウンセリング、アンガー・マネジメント（怒りの管理）、内側にある痛みやフラストレーションには——催眠療法、EFT。ストレスには——前頭骨と後頭骨を押さえるヒーリング。

セルフヘルプの方法　「今」に在ることについての文献、タイム・マネジメントとライフ・コーチング、退行療法、リラクゼーション、休憩やストレスを解放する休暇、タントラ・ヨガ。

推奨されるバッチのフラワー・レメディ　チェスナットバッド、ミムラス、ロックウォーター、ラーチ、セラトー、ウォルナット、クラブアップル。

ヒーリングのアファーメーション　私の望みはすべて調和しバランスがとれています——私には情熱があり、自分自身に満足しています。

12(-3)

13(-4)

13(-4)ディバイン・マザー(聖なる母)——水、知恵、愛

天体 海王星

身体／ゲート、器官 腹部

エレメント(四大元素) 水

気温／季節 寒い、冬

注釈

コンビネーション・ナンバーで13・4のペア。

シンボル

Mem(メム)

ポジティブに機能する特質 生来の知恵……思いやり……寛容……ポジティブ……非常に愛情深い……理想主義的……協力的……カウンセリングやヒーリングの能力。

起こりうるチャレンジ きつい外見の印象……不快な／無愛想な……思いやりのない……非情な……疑い深い……自分に甘い……他者を無視する……自己破壊的な。

チャートの位置における解釈

現実世界

チャレンジ 自己受容といったことにおもな困難がある。自分の内にある母性／創造者としてのエネルギーを活性化する必要がある。そのエネルギーが自尊心のプロテクターや自尊心にアクセスする感覚となる。育児の問題——その願望の欠如、あるいは意図せずに親になったりシングル・マザー／ファザーになる。

才能 分かちあうことができる静かで穏やかで愛情深いバイブレーション。養育やサポートを必要としている人々をそこに引き寄せる能力。人々に安心感を与え、知らずしらずのうちに自信を与える。直観を頼りにする。大地との強いつながり。

ゴール 基盤を求めている人に対するよりどころとなること。

スピリチュアル世界

チャレンジ 現実世界同様。自己受容と自尊心の問題。育児や他人の要望について世話をする能力の遮断。心を開き信頼すること。男性性／女性性のエネルギーを統合すること。

才能 聖なる母のエネルギーが、世界へと愛を放つヒーリングの力として表れる。教師、カウンセラー、スピリチュアル・リーダー、ヒーラーとして完全なる愛を提供する。

ゴール 現実世界で行う物事すべてに、意識的にスピリチュアリティをもたらす。ただ、自分自身であることによる受け身の方法であるかもしれない。

ソウル・デスティニー 無条件の愛の表現とバイブレーションを世界にもたらし放つことで、あなたのプロジェクト、奉仕や仕事に人々を引き寄せる。

13(-4)

制限をつくる自己信念　私は愛されていない……愛することができない……私は拒否されている……私は見放されている……強くなければならない……たいていの人は信用できない。

ソウル・メッセージ　愛は場所を選びません。マインドからは見えないように隠されています。知らないということに身を委ねれば静寂がそこに持続するでしょう。

チャレンジを克服し、才能と目的を活性化する

推奨されるセラピー　スピリチュアル・カウンセリング、チャクラのバランスを整える／ハートチャクラ・ヒーリング、許しのワーク、オディック・ゲイズ（目のヒーリング）／ニューロロジカル・ボンディング。

セルフヘルプの方法　心を開く瞑想（仏教）、タントラの実践、祈りを唱える（チャンティング）または聞く、子供や動物に関するボランティア活動やケア。

推奨されるバッチのフラワー・レメディ　ウォーターバイオレット、パイン、ラーチ、ビーチ。

ヒーリングのアファーメーション　私は愛です、私は愛を与えます、私は愛を受け入れます、私は愛です、私は愛を放ちます、私は愛に浸っています……（休止）。私は愛されています……私は愛です……私は愛されています……私は愛です……私は愛されています……私は愛です。

14（-5）ソウル（魂）の反映——私たちの本質的存在の鏡

天体　さそり座

身体／ゲート、器官　小腸

資質　嗅覚

注釈

コンビネーション・ナンバーで14-5のペア。

シンボル

Nun（ヌン）

נ

ポジティブに機能する特質　天性のホリスティックな知性……スピリチュアルなことの理解……直観的……人を元気づける……表現力豊か……順応性がある……ポジティブ……情熱的……熱心な。

起こりうるチャレンジ　非常に激しい……地に足がついていない……行き詰まり、身動きがとれない……ネガティブ……頑固な……不明瞭な境界……小腸——吸収における困難（圧倒する）。

チャートの位置における解釈

現実世界

チャレンジ　きわめて地に足がついていない状態で現世にいる。強迫観念的で張りつめた人間関係。他者のなかで自分を見失うことも。見捨てられることへの恐れ。

才能　独創的、ひらめきがあり、クリエイティブ。他者にインスピレーションを与え、その人が何者であるかを示すことができる。

ゴール　直観的に呼び起こされた自分自身を世界に表現すること。人々の心（マインド）を開くインスピレーションと直観をつかって教育者にもなりえる。

スピリチュアル世界

チャレンジ　現実世界同様。グラウンディングすることなく、あるいは明確な境界なく、スピリチュアルなことやセラピーの実践、グループなどにはまりこむ。

才能　ソウル（魂）の創造性に対してマインドが開いており、人々の霊的・精神的な本来の姿を示すことができる。

ゴール　チャネル（伝達路）が徐々に開き啓示・ひらめきを受け、スピリチュアルな題材を創出すること。

ソウル・デスティニー　人々が真の本質とその愛を発見できるよう、人々にインスピレーション（着想・刺激）を与える存在となること。人々の精神を高め、人々が日常のなかに特別なことを見いだせるようなより広い見方、理解力をもたらすこと。

14(-5)

制限をつくる自己信念　私には価値がない……私は重要な存在ではない……私はどうでもいい人間だ……私は証拠・証明するものがほしい……私は迷っている……私が誰なのかあなたに示してもらう必要がある……私は自分の存在を感じるために他人の痛みや感情を引き受けなければならない。

ソウル・メッセージ　あなたの気づきの光が最初に世界を照らしたとき、反射されて見えたものは歪んで混乱を招くものでした。あなたは迷子になったように一人きりだと感じ、それが自分の探していたものかどうかもわからなくなってしまいました。すべてがぼんやりとして推測することができず、漠然としていて永遠に形を変えているように感じられました。あなたは自分の外界を見ていましたが、あなたの外側などないのです。前も、後ろも、上も、下もありません。境界も中心もありません。経験により穏やかに安定した水面を通してあなたの認識は洗練され、鏡はいまではあなたが失ったと思っていた光を反射しています……それは常にまったくそのままでそこにあったのです。

チャレンジを克服し、才能と目的を活性化する

推奨されるセラピー　カウンセリング、エネルギー心理学、コード・バランシング、サイキック・アート、チャクラのバランスを整える。

セルフヘルプの方法　ヨガ、気づきの瞑想（ヴィパッサナー瞑想）、気功、アサーション（自己表現）の訓練、境界線と対人コミュニケーション教室、食事における気づき（イーティング・アウェアネス）。

推奨されるバッチのフラワー・レメディ　バーベイン、クレマチス、スクレランサス、クラブアップル、ミムラス、ゲンチアナ、ウォルナット。

ヒーリングのアファーメーション　私は完全に安全で、完全に守られています。すべて完璧で、すべてOKだということを、私は自分の本質の深いところで知っています。

15（-6）ソウル・インスピレーションと心の平静

15（-6）

天体　いて座

身体／ゲート、器官　胃

資質　睡眠

シンボル

Samekh（サメフ／サメッシュ）

ס

注釈

コンビネーション・ナンバーで15・6のペア。

ポジティブに機能する特質　楽天的……几帳面……本能的直観（胃）……ポジティブ……伝達する（チャネル）……ソウル（魂）の直観的知恵につながることができる。

起こりうるチャレンジ　ぐずぐず引き延ばす……堂々巡り……不安（定）……未知なることへの恐れ……現実逃避、無遠慮な、無節操な……スピリチュアルなことの否定……実体のないもの（見えないもの、触れられないもの）に対する困難……睡眠の問題。

チャートの位置における解釈

現実世界

チャレンジ　スピリチュアルな内側／外側の自己から逃避する。フラストレーションがドラッグなどへの逃避につながるケースがある。とてもストレスが多く、地に足がついていない、散漫なエネルギー、堂々巡り。集中することと多様性を学ぶ必要がある。

才能　非常に直観が強い。日常生活で活用できる本能的直観能力がある。とてもひたむきに打ちこむので、なんでも達成できるという姿勢。

ゴール　集中と流れとともに目標を達成したりアイデアを実現することを学び、自分のクリエイティブな特質と融合し一体になること。

スピリチュアル世界

チャレンジ　現実世界と同様だが、自分のより深い感情やスピリチュアルな本質を、さらに強く否定するだろう。

才能　マインドは実体のないスピリチュアルな本質に対してオープンで、より高い知識につながり、チャネルすることができる。

ゴール　単純な肉体的表現を打開すること。ソウルやスピリチュアルなことにもっとつながればよりリアルになり、内なる世界がもっと重要になる。さらに深い、触れることのできない面を探求すること。

ソウル・デスティニー　人生の渦やカオスのなかでの心の落ち着きに気づく。外の世界に感じる重要性は減らし、内なる世界にもっと重要性をもたせること。

制限をつくる自己信念　私は間違った思いこみをしてしまう……私は負ける／失う……私は時間を無駄にしている……私は傷ついてしまうだろう……人生は危険に満ちている……いつも注意深くいるべきだ……私は間違うだろう。

ソウル・メッセージ　始まりも終わりもないエンドレスのサイクル。エンドレスの渦、努力、更新は、それを反映する本質の静けさを覆い隠している。神性のものは私たちの内にある。しかし、外界の広大な大いなるすべてのなかにあるようにも見える。内側にも外側にも宇宙がある。すべてが存在し、無である。上でもあり下でもあるように、小宇宙も大宇宙もすべて内に含まれている。

チャレンジを克服し、才能と目的を活性化する

推奨されるセラピー　カウンセリング、心理療法、催眠療法、サイキック・アート。

セルフヘルプの方法　リトリートへの参加、食事制限、瞑想（禅、一点に集中する）。

推奨されるバッチのフラワー・レメディ　ミムラス、チェスナットバッド、ウォルナット、ホワイトチェスナット、クレマチス、ワイルドオート、インパチェンス。

ヒーリングのアファーメーション　私は創造の不思議に心を開きます。私はその一番奥の光に心を開きます。ためらい躊躇する日々は終わりました。私は自由に前に踏みだすことができます。

15(-6)

16(-7)地球に関連するスピリチュアルなエネルギー

天体　やぎ座

資質　怒り

身体／ゲート、器官　肝臓

注釈

コンビネーション・ナンバーで16・7のペア。

シンボル

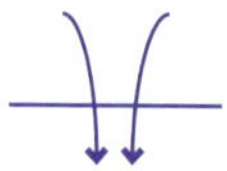

Eyin(アイン／ザイエン)

ע

ポジティブに機能する特質　愛情……オープンである……ポジティブ……信頼できる……毅然とした……引きつける魅力のある正真正銘の……代表者……リーダーシップ能力・指導力……天賦の洞察力。

起こりうるチャレンジ　ネガティブ……皮肉屋……不当な扱いを受ける……精神性の否定……隠蔽……嘘をつく(省略することで)……愛情を受け入れられない……肝臓の問題(怒りと解毒)……うわべをよく見せる。

チャートの位置における解釈

現実世界

チャレンジ　外面の見せかけではなく本当の自分を示すこと。正直でオープンになること。他人が共感できる方法でスピリチュアルなエネルギーをグラウンディングさせるのが困難。

才能　他人に本物という印象を与える。グループを管理したりリードしたりするのが得意。信頼できる、意欲的、慎重、魅力がある。人々を深く理解する。

ゴール　人々が受け入れ共感できる方法でコーディネートしたりリードすること。非常に愛されるボス(上司・監督など)――ビジネスで大成功できる。

スピリチュアル世界

チャレンジ　スピリチュアルなエネルギーをグラウンディングさせるのが困難。それを拒否したり戦うのではなく活用しシェアすること。本物になること、本来の自己とそのスピリチュアルな側面を認識すること。

才能　他者を引き寄せスピリチュアルなエネルギーをシェアする魅力がある、インスピレーションの指針となるよう行動する。人々を深く理解する――その人の根源の部分を観察する。

ゴール　バイブレーションと開かれたハートを通じ、磁力で引かれあったように集まったグループにおいてスピリチュアルなエネルギーをうまくシェアすること。

ソウル・デスティニー　より触発されたエネルギーや、あなたに備わっている人を励ましその人生に精神的成長をもたらす影響力を示し、たくさんの人をあなたのグループ、プロジェクト、サークルなどに引き寄せること。

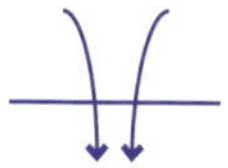

16(-7)

制限をつくる自己信念　私は適応する必要がある……私は愛される価値がない……私は本当のアイデンティティを隠さなければならない……愛は禁じられている……私は私のスピリチュアリティや信念のために虐げられる……私は運が悪い。

ソウル・メッセージ　あなたは自分のハートをシェアする指導者です。人はあなたに対して心を開き、あなたはその人たちの目を開きます。目は光の源です。光は〝私〟の源です。

チャレンジを克服し、才能と目的を活性化する

推奨されるセラピー　カウンセリング（最終的にはグループで）、エネルギー心理学（EFT、TAT）、肉体に重心を置いた心理療法、許しのワーク、CIT。

セルフヘルプの方法　グループやサークルに入る、デトックス（肝臓）、覚醒的なリーダーシップ・コース、信頼あるアプローチのガイドをしてくれる本。

推奨されるバッチのフラワー・レメディ　ホリー、アグリモニー、ゲンチアナ、ウォルナット、スターオブベツレヘム、ミムラス、アスペン、ハニーサックル。

ヒーリングのアファーメーション　私は愛です、私は愛を与え、愛を受け入れます。なぜなら私はスピリットであり、私のソウルの愛を放ちます。

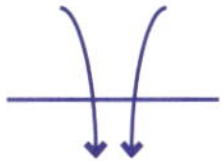

16（-7）

17（-8）スピーチ――社会においてコミュニケーションする舌、口

天体　水星

身体／ゲート、器官　左耳

方向　北

極性　優位／隷属（支配者／奴隷）

シンボル

Peh（ペー）

פ

注釈

コンビネーション・ナンバーで17・8のペア。

ポジティブに機能する特質　大きな信頼……パブリック・スピーカー、演説者……（メディアなど）伝達媒体としての才能……原因（または大義・理念）へのゆるぎない信念……政治家のエネルギー……教える能力……誠実。

起こりうるチャレンジ　関係をもつことへの欲求・願望の欠如……価値がないという気持ち……ひどく抑圧された感情的な重荷……すべてを表現することをはばかる……客観的であるように見えるが根拠がない――分離、遮断……従属的な役割を引き寄せる……感情的な毒性は肉体的にも表れる場合がある……ヒーラーになる価値などないという気持ち。

チャートの位置における解釈

現実世界

チャレンジ　抑圧された、分離した／切り離された、感情的毒性。

才能　とても説得力があり、自信に満ちてメッセージを伝えることができる。

ゴール　社会でスピーチをすることで生計を立てる（例：プレゼンター）。

スピリチュアル世界

チャレンジ　自己価値の問題が起こる：チャネルする（伝達する）、癒す、私は誰なのか？

才能　社会にメッセージを送る非常に強い必要性（例：ジャーナリスト）。

ゴール　文筆やスピーチなどの媒体を通して、スピリットの流れを表現すること。

ソウル・デスティニー　スピリチュアルなメッセージを社会に伝えるミッションを負っている。

制限をつくる自己信念　私は他者に服従しなくてはならない……私は奴隷だ……私はほかの人より出来が悪い、へまをしてしまう……私は役立たずだ……私は価値ある人間になるには問題が多すぎる……私は価値のない人間だ。

ソウル・メッセージ　静寂のなかから声が聞こえます。地上で著されたものではない言葉が出現します。メッセージはその源の静けさを反映しています。これは神性の癒し、あらゆる束縛から私たちを解放する愛です。この愛を言葉と沈黙で表現してください。

チャレンジを克服し、才能と目的を活性化する

推奨されるセラピー　ＥＦＴ、アサーション（自己表現）の訓練、アンガー・マネジメント（怒りの管理）、肉体に重心を置いた心理療法。

セルフヘルプの方法　初心者向け演技・歌のクラス、演説、ブログを書く、自然発生的動作（体の動き）の実践（例：気功、ＯＳＨＯのダイナミック瞑想、ダンスやムーブメントのクラス、感情の浄化・解放の実践）。

推奨されるバッチのフラワー・レメディ　セントーリー、スターオブベツレヘム、レスキュー・レメディ、ラーチ、ホリー。

ヒーリングのアファーメーション　私はいま、私のメッセージを世界に向けて自由に表現できます。

17（-8）

18（-9）最終局面と解決、人生のエネルギー

天体　みずがめ座

身体／ゲート、器官　食道／胃

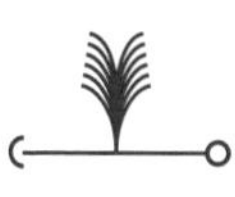

18（-9）

資質　許容（飲み込む）

注釈

コンビネーション・ナンバーで18・9のペア。

シンボル

Tzadi（ツァディ）

צ

ポジティブに機能する特質　精神的に非常に発達している……サービス精神……意思決定する人……世界中を旅行する（国際的）……未来的……常に教える人……真理を話す人……パワフルな性格。

起こりうるチャレンジ　優柔不断……価値がないという気持ち……羞恥心や罪の意識……自己犠牲……分離・遮断……自身の真理を話すことができない（喉のチャクラの妨害・遮断）……ぐずぐず引き延ばす。

チャートの位置における解釈

現実世界

チャレンジ　価値がないこと・不徳、過去についての罪悪感、優柔不断。追及しすぎたり、何をすべきか他人に聞きすぎる。失敗はないということを学ぶ。

才能　強く決断できる人、プロジェクト・マネージャー。ビジネスに向いている。新たなチャレンジを求める、非常に革新的思考の持ち主。真実を話すことを恐れない。

ゴール　とても目標志向であり成功できる。物事を最後までやり通し実現するパワーと能力が自分の内にあることを知っている。

スピリチュアル世界

チャレンジ　ソースの光のなかに立つ価値がない。スピリットと調和するか否かの決断――過去生の問題の場合がしばしばある――真実を話すこと。

才能　どんな状況でも知識を教えシェアする機会をとらえる能力。

ゴール　非常に発達したスピリチュアルなエネルギー、自分があるべき状態を決めるパワーと支援があり、成功する。奉仕・サービスに従事したり教えたりする。究極のゴールは自分のソウルを表現すること。

ソウル・デスティニー

奉仕と教えることの目標をうまくコーディネートし完了すること。

制限をつくる自己信念　私には力がない……自分を信頼できない……ほかの人たちは答えをもっている……私は邪悪だ……私は価値のない人間だ……私の一部は死んでしまっている。

ソウル・メッセージ　とても多くの道、とても多くの人生、とても多くの愛、とても多くの知識……理解し習得したとても多くの局面……経験と知恵のうんざりするような責任。再びマスター・ティーチャーとしての役割を受け入れる明らかな選択肢が持ち上がる……蓄積された知識と力をやっと活用できるようになります。本当に選択肢がありましたか……本当の失敗や〝人生そのもの〟でなかったことがありましたか……ライフ・フォースのエネルギー……生産的であり破壊的でもある……これが完全性ではないだろうか……あなたの意思（思い）が実現されるだろう。

チャレンジを克服し、才能と目的を活性化する

推奨されるセラピー　スピリチュアル・カウンセラーまたはティーチャー、許しとエネルギーの心理学（TAPAS）、過去生退行。

セルフヘルプの方法　スペース・クリアリング、瞑想とスピリチュアルな実践（ラマナ・マハリシの〝フー・アム・アイ〟）。

推奨されるバッチのフラワー・レメディ　パイン、ロックウォーター、セラトー、スクレランサス、ミムラス、アスペン、ハニーサックル。

ヒーリングのアファーメーション　私はスピリチュアルな見解を創造の素晴らしさや多面的な本質に対して開放します。私はそのありとあらゆるものの神聖なエッセンスを深く見つめます。私は光が見えます。

18（-9）

19(-1)

19(-1)慈善(博愛)を形にする

天体　うお座

身体/ゲート、器官　脾臓

資質　笑い

注釈　コンビネーション・ナンバーで19・1のペア。

シンボル

Kuf(カフ)

ק

ポジティブに機能する特質　奉仕のエネルギー……スピリチュアルなエネルギーを物資的な形に取り入れる……とても直観的……ユーモアのセンスがある……社会の限定的制限に対して柔軟性がある……他者が目的を実現する手助けをする。

起こりうるチャレンジ　ぐずぐず引き延ばす……ブロック(妨害、遮断)を積み上げる……社会のエネルギーに影響を受ける……優柔不断……過剰に感情的で要求が多い……自己憐憫……考えすぎ……自尊心の欠如(不機嫌/脾臓)。

チャートの位置における解釈

現実世界

チャレンジ　自分の内側にパワーがあることを知っているにもかかわらず、社会のプレッシャーに圧倒されてしまう。そのパワーをつかうためにブロックを克服すること。感情的な問題にとらわれる。自己批判的。自分の現実性(身体)を受容しなくてはならない。

才能　社会の制限的エネルギーに対して耐性がある。精神的エネルギーの伝達手段をつくることができる(コミュニティ・センター、建築家・設計者、エコ住宅などを建てる)。

ゴール　ワークのためのセンターや伝達媒体をつくる(例:ヨガ・センター)を設立する、本を執筆する、建築家など)。

スピリチュアル世界

チャレンジ　感情的問題を克服し肉体とつながりグラウンディングすること。人々がスピリチュアルな目的に達するのを手助けしたいが、そうするうえで障害に直面する。

才能　スピリチュアルなワークを広めるために、現実的構造または製品をつくる能力。

ゴール　スピリチュアルな〝器・箱〟をつくり/明示し、人々が自分の夢をかなえる助けとなる。

ソウル・デスティニー　建物や製品、または発展した知識を世界に流布するための、なんらかの形をつくる/明示すること。完全なる奉仕。

19(-1)

制限をつくる自己信念　世界は私にとって不利だ……私は感情を隠さなくてはならない……私は貢献できない……私のいる環境は不利だ……社会は私を落胆させる……それは私の手に届かない／不可能だ（目的・ゴールに関して）。

ソウル・メッセージ　あなたは内側の知識への入り口で自分自身を探していました。あなたはいま、そのようなテーマに関するクリエイター（創造者）になったのです。あなたはこの天からの贈り物を発見しました。なぜならあなたの一部がそれを覚えているからです。思い出してください、あなたの根本的本質はもういかなる場所でも、どんなことにでも、あなたが活用できるものなのです。いままさにこの瞬間に、あなたを招いています。

チャレンジを克服し、才能と目的を活性化する

推奨されるセラピー　ライフ・コーチング、カウンセリング、催眠療法、エネルギー心理学のテクニック、パーツ・セラピー、笑いのセラピー！

セルフヘルプの方法　ステップ・バイ・ステップ（ライフ・コーチング）、直観を開発する／バランスを整える、明るい面に触れる――コメディ（喜劇）のワークショップ、ユーモアのある本、映画など。

推奨されるバッチのフラワー・レメディ　バーベイン、エルム、ワイルドオート、パイン、ホーンビーム。

ヒーリングのアファーメーション　私は完全に安全です。私は完全に守られており、すべてが完璧で、すべてがＯＫであることを、自分の本質の深いところで理解しています。

20(-2) 動き、流れと探求、混乱と平穏

20(-2)

天体　土星

身体／ゲート、器官　左鼻孔

方向　南

極性　平和／戦争

注釈

コンビネーション・ナンバーで20 - 2のペア。

シンボル

Resh(レーシュ)

ר

ポジティブに機能する特質　流れるエネルギー……クリエイティブ……柔軟……多才……鋭い……好奇心旺盛……優れた探求者……バイタリティ……喜び……自信。

起こりうるチャレンジ　内なる世界と外界との葛藤……気分の浮き沈み……融通がきかない……頑固・強情……文化的信念から抜けだせない……未来に対してオープンでない／変化に対して懐疑的(左の鼻孔)。

チャートの位置における解釈

現実世界

チャレンジ　頑固で、変化や新しいことに対してオープンでない。内側にある葛藤や矛盾と、外側にある人や制度・社会的慣習、人生との〝闘い〟とのバランスをとらなくてはならない。

才能　流れに乗れる柔軟性がある(例：ダンサー、開放的で新しいことを求めている)――恐れ知らずの探検家。ビジネスや学ぶことに向いている。

ゴール　探求し、拡大する――文化／アイデア、ムーブメント、音、物体・身体。新しいアイデアとコンセプトを探求し、心をオープンな状態に保つ。

スピリチュアル世界

チャレンジ　限定的信念体系、恐れて冒険をしない。物事は絶えず変化しているということを学ぶ必要がある。他人との対立。

才能　マインドと意識を拡大する人。常に探求している。生涯にわたり学ぶ人。

ゴール　マインドを拡大するために幾通りもの道を旅する。尽きない自己の発見を通して他の人々に道を示すこと。

ソウル・デスティニー　人生を選び自らを導くその道にイエスと言うこと、そして人生がスピリットと同化し十分に流れていくようにすること。

20（-2）

制限をつくる自己信念　世界は危険に満ちている……確かめなければいけない……私は脅されている……同じ状態でいなければならない……変化は恐ろしい／脅かすものだ……無知であることは恐ろしい……いつもルールには従わねばならない。

ソウル・メッセージ　永遠に探し求め、永遠に拡大します。マインドが拡大し、最初にその基準となったもの（こと）を失うポイントまで達するときがやってきます。するとあなたの探求はコースを変え、あなたは自己の本質を探究することになるでしょう。あなたは自分自身をみつけようと努力しますが、そこには何もないことを発見します。すべてがなくなったとき、あなたはホームへとたどり着くのです。

チャレンジを克服し、才能と目的を活性化する

推奨されるセラピー　カウンセリング、許しのワーク（例：TAT）、チャクラのバランスを整える、ライフ・コーチング、CIT（誰ひとり非難される者はいないということを理解する）。

セルフヘルプの方法　ダンス、アドベンチャー（オリエンテーリング）、ハイキング／探検、旅行などのアクティビティ、ダンスとムーブメント、太極拳、ヨガなどの自己啓発／スピリチュアルなコース。

推奨されるバッチのフラワー・レメディ　ホリー、バイン、スクレランサス、ミムラス、ウォルナット、チェスナットバッド。

ヒーリングのアファーメーション　私は生き、生かされることを選びます。いま、私は人生を喜んで受け入れることを選びます。私は流れとともに私のスピリットが導くままに進むことを選びます。私は手放すことを選びます。

21（-3）忍耐力、知性、精神力（内的な強さ）

天体　天王星

身体／ゲート、器官　頭

エレメント（四大元素）　火

気温／季節　熱、夏

注釈

コンビネーション・ナンバーで21・3のペア。

シンボル

Shin（シン）

ש

ポジティブに機能する特質　卓越した精神力……持久力……知性……自立心……コミュニケーター……目標を目指す……神に仕えるためここにある。

起こりうるチャレンジ　エネルギーの遮断・妨害……自己専心／尊重……なんでも屋……落ち着かない……せっかち……ソウル（魂）の暗闇。

チャートの位置における解釈

現実世界

チャレンジ　やる気、動機、忍耐力の欠如。なんでも引き受けてしまう、怠惰。自己陶酔／自分自身の問題にとらわれる。エネルギーのブロック・遮断。

才能　成し遂げるための生来の精神力、スタミナ、意欲。尽きないエネルギーとパワーとのつながり。独立独歩。明確な目的の感覚。他者を助ける奉仕への献身。

ゴール　力や権限をもって話したり書いたりすること（例：大学講師、ジャーナリスト）、あるいはスタミナと持久力を活かす職業（例：スポーツ、発明家、外科医）などで、自分のパワーと表現を公表しアクセスできるようにすること。

スピリチュアル世界

チャレンジ　とくに幼少期に抑圧されたスピリチュアリティ、パワー、衝動。自由な場所の前に激しい内側の混乱を経験すること。

才能　ずば抜けた内面的強さ、苦難に耐え、なお内側から表現する／教えることができる。

ゴール　深遠なレベルで、ティーチャーたちのための賢明なスピリチュアル・ティーチャーになるよう、自分自身の経験から強さと知恵を構築する。

ソウル・デスティニー　きわめて困難な時期――魂の暗闇――を経験し耐えることで得られる内なる平和と静寂の状態を最終的に理解すること。

21（-3）

制限をつくる自己信念　私は犠牲者だ……私は蓄えがない……私は疲れきった……元気がない……もう我慢の限界だ……人生は単調な重労働だ……人生は苦闘だ。

ソウル・メッセージ　三つの頭は変化という幻想について熟考します。四つの頭はすでにそこにある〝来たる時〟を目撃します。変容のプロセスは火が起こるときのようなものです。古い自己の残像とそこに付随したものは炎で消滅します。これが人生における死です。けれどもあなたは不変のうちに変容します。あなたの根本的本質に変化はないのです。

チャレンジを克服し、才能と目的を活性化する

推奨されるセラピー　カウンセリング、ライフ・コーチング、エネルギー・ヒーリング、TAPAS（許し）。

セルフヘルプの方法　肉体的運動、定期的な瞑想、ライフ・コーチングや目標設定に関する本、エックハルト・トール（Eckhart Tolle）著『The Power of Now』（日本語版『さとりをひらくと人生はシンプルで楽になる』徳間書店刊）。

推奨されるバッチのフラワー・レメディ　オーク、インパチェンス、ホワイトチェスナット、スクレランサス、ゲンチアナ、ホーンビーム、ウォルナット、セントーリー、ラーチ、スイートチェスナット。

ヒーリングのアファーメーション　私は恩恵のスピリチュアルな法則を呼び覚まします。古い幻想が消え、そこにある不朽の愛によって私は情熱に満ちあふれます。

22（-4）完成と達成

天体 木星

身体／ゲート、器官 口

方向 寺院（全方位）

極性 美／醜

注釈

コンビネーション・ナンバーで22・4のペア。

シンボル

Tav（タヴ）

ת

ポジティブに機能する特質 完全性……創造性……適応性……奉仕の存在であること……雄弁な演説者……明確な目的意識と方向性。

起こりうるチャレンジ 極端さを経験する（極端な経験）……創造性の行き詰まり……精神的に遮断される……被害（迫害）妄想……散漫になる……自信過剰・うぬぼれ。

チャートの位置における解釈

現実世界

チャレンジ 自分自身の価値の否定、創造力を行き詰まらせる重大な障害――無気力に至る可能性もある。非常に破壊的なことも。

才能 完全な自己充足型、どんな分野でもオリジナルのものをつくりだすことができる。自然の法則と人生の体系を理解しクリエイティブに表すことができる。説得力のあるカリスマ的スピーカー。

ゴール 自分の多大な才能につながり、それを世界にシェアすることを学ぶ。

スピリチュアル世界

チャレンジ 非常に激しい苦痛に悩まされた外見、メサイア・コンプレックスを経験する場合がある。過去生の虐待やパワー（支配・権力）の問題の可能性。

才能 複数の方向からチャレンジにアプローチし、多くのレベルで取り組むことができるマインド・肉体・スピリットの統合。成功を活かして幸福を他者と分かちあうことができる。

ゴール もうすぐ完結するソウル。奉仕の化身。非常に高いレベルのスピリチュアルメッセージを通してもたらされる完全な視点から物事を教えられる潜在能力。

ソウル・デスティニー 輪廻サイクルにおける最後の肉体化。最高のレベルで教えること。人類に統一・調和についての普遍的なメッセージを伝える。

制限をつくる自己信念 私は価値のない人間だ……私は神に見捨てられた……私は醜い……私は欠陥人間だ……私は欠点がある……私は子孫繁栄ができない／すべきでない……私は邪悪だ。

ソウル・メッセージ 分離の幻想は終わりを告げます。生と死に両極性はありません。絶対的な愛以外、まったく何もないことがわかるでしょう。

チャレンジを克服し、才能と目的を活性化する

推奨されるセラピー カウンセリング、パーツ・セラピー、許しの実践、サイキック・アート・セラピー。

セルフヘルプの方法 日記を書く、自然発生的なダンス、楽器を習う、アート／鑑賞／クリエイティブなライティング・ワークショップ、ジュリア・キャメロン(Julia Cameron)著『The Artists Way』(日本語版：『ずっとやりたかったことを、やりなさい』サンマーク出版刊)。

推奨されるバッチのフラワー・レメディ アスペン、スイートチェスナット、パイン、バイン、スクレランサス、ウォルナット。

ヒーリングのアファーメーション 私は神聖なるもの、ハイヤー・セルフ、ソースの無限の知恵と完全につながります。私は、存在を明らかにする神聖なるもののひらめきです。私はかけがえのない存在です。私はあるがままの自分で……私です……。

22 (-4)

解説

人生の計画を名前の波動で読み解くソウルプラン

本書とＤＶＤは、ブルー・マースデンによるリーディングのメソッド「ソウルプラン（魂の計画）」の紹介です。

ブルー・マースデンは、イギリスおよび英語圏ではとても高名なチャネラー、カウンセラーで、ホリスティック・ヒーリング・カレッジ、ロンドン・スクール・オブ・チコング（気功）、ロンドン・カレッジ・オブ・ヒプノセラピーの創立者として知られています。

本書で紹介されているソウルプランは、名前の波動で人生の課題や目的を読み解いていくもので、この世に生まれてくるにあたって自分でつけてきた名前の波動が、その人の人生を形成するという考え方に基づいたリーディングのメソッドです。

これは、何も特別な考え方ではありません。日本では、「口から言葉として出たことが現実世界で実現していく」と考えられてきました。いわゆる言霊です。言葉として口から出た音、その背景にある意識、そして文字自体が波動をもって現実の世界に投影され、現実化していくのです。

言霊の解釈については江戸時代以降、いろいろな考え方がありましたが、いまや言霊が波動であることに異論を唱える人はいなくなったといっていいでしょう。

ソウルプランのベースとなっている名前の波動がその人の人生を形成していくという考え方は、言霊の事実とまさに同じといっていいでしょう。

さらに、人生の課題についても、多くの人がその存在を感じています。

かつて船井幸雄さんは「この世は学校のようなものだ」とおっしゃいましたが、これは課題を解決するために人はこの世に生まれてきているということにほかなりません。また、ヒプノセラピー（催眠療法）では、この世に生まれてくる前の中間世で自分がこの世で克服すべき課題を計画してくるともいわれています。

この世における課題を解決するために名前の波動からその計画を読み解く方法

論は、そういう意味でとても理に叶ったものであるといえるでしょう。

私も実際に自分の名前やほかの人の名前でソウルプランのリーディングをしてみましたが、とくに自分のいまのあり方について深く納得する部分がありました。自分がライフワークとして取り組んでいることと、ソウル・デスティニーが一致していたのです。

ソウルプランを知ることは、人生を生きる意味を問い直すことでもあります。多くの人にソウルプランを知って、よりよい幸せな人生を生きてもらいたいと思います。

作家、スピリチュアル・カウンセラー
『あなたにも言霊の奇跡がすぐ起きる』著者
櫻庭雅文

本書の執筆に際して行われた特別公演は、同名タイトルのDVDとして、全国のTSUTAYA(一部店舗を除く)の「TSUTAYAビジネスカレッジ」コーナーで、2016年3月よりレンタルが可能です。ぜひ、お近くのTSUTAYAで探してみてください。
詳細は、TSUTAYAビジネスカレッジ　ポータルサイトをご覧ください。
http://tsutaya-college.jp/
(検索エンジンで「ツタヤ　ビジカレ」で検索)

本書では、生まれたときについた名前でソウルプランを読み解く方法を紹介してきました。しかし、結婚や養子縁組で名前が変わったり、芸名やペンネーム、雅号、筆名、さらには通称名をつかったりしている場合は、波動、バイブレーションが変わってきます。こういった名前の変化が、もともとの名前を「オーバーレイ(重ねあわせられた/置き換えられた)」するからです。
オーバーレイによるバイブレーションの変化は人間関係やビジネスなどさまざまな面に少なからず影響してきますが、このリーディングはソウルプランの基本的な読み解き方とは少し異なります。
株式会社ヴォイスプロジェクトでは、オーバーレイが学べる上級ソウルプラン・リーダー養成講座を定期的に開催しています。下記の電話にお問い合わせいただくか、ウェブサイトをご覧ください。
電話
03-5770-3321
ウェブサイト
http://www.voice-inc.co.jp/store/workshop_last.php?genre1_code=04&genre2_code=052

著者プロフィール

ブルー・マースデン（Blue Marsden）

■「ホリスティック・ヒーリング・カレッジ」「ロンドン・スクール・オブ・チコング（気功）」「ロンドン・カレッジ・オブ・ヒプノセラピー」の創立者。
■生まれつきのクレアボイヤンス（透視能力保持者）、チャネラー。10代のころから自身のトラウマ、神経症の克服を目的として東洋哲学、西洋心理学を学ぶ。
■90年代はカウンセラーとして活躍。クライアントにはプロのアーティスト、UK トップ10ミュージシャン、ライター、TV司会者などの著名人が多数。
■90年代の終わり、「アトランティス時代の叡智をチャネルできた」といわれるフランク・アルパーの研究に影響を受け、「セーフェル・イェツィーラー」の研究をスタート。自身のカウンセリング経験、東洋思想（主に気功）、非二元論、チャネリング・メッセージなどを掛け合わせ「ソウルプラン」を開発。著書『SOUL PLAN』を Hay House（ヘイハウス）から出版。
■ディーパック・チョプラ、ウェイン・ダイアーなど、世界一流のスピリチュアリストのみが寄稿するインターナショナル・サイト「ヒール・ユア・ライフ」での記事執筆、「世界のスピリチュアリスト100」の選出で有名な「ワトキンズ誌」などにも寄稿。

ソウルプラン（魂の計画）
——あなたの名前は運命の暗号だった

第１刷　2015年10月31日

著　者　ブルー・マースデン
発行者　平野健一
発行所　株式会社徳間書店
〒105-8055　東京都港区芝大門2-2-1
電　話　編集(03)5403-4344／販売(048)451-5960
振　替　00140-0-44392
印　刷
製　本　図書印刷株式会社

乱丁・落丁はお取り替えいたします。

Printed in Japan
ISBN978-4-19-863996-9